子ども同士で
声かけ!
お手伝い!

対話でつなぐ体育授業51

筑波大学附属小学校

齋藤直人

東洋館出版社

「教師の仕事は何だろうか。教師の役割は何だろうか」

たくさんの子どもたちとの時間を積み重ねること。さまざまな先生方の実践を拝見したり、その考えに触れたり尋ねたりすること。そして、誰かと想いや考えを語り合うこと。さまざまな"かかわり"の中でさまざまなことに影響を受けながら、今の私が教師として大切にしていること。それが、「**つなぐ**」と「**対話**」。

これは、子どもたちと向き合う全ての時間において大切にしています。

「子ども－子ども」「子ども－教師」「子ども－教材」「知識－技能」「友達の考え－自分の考え」「友達の動き－自分の動き」など、子どもたちの周りにあるものやことと「つなぐ」ことを大切にしています。学校で学ぶよさは、人とつながりながら、一人では学べないことを学び、経験できないことを経験することだと考えます。「つなぐ」を意識することで、さまざまな子どもたち同士が多様につながり合いながら、共に学ぶ意味や価値、経験を豊かにしていくことができると信じています。

また、子どもの想いや願いを感じ取り、子どものメッセージをしっかり受け取り、教師の想いを伝える。子ども同士がわかり合い、認め合い、高め合うためにかかわり合う。つまりそれは、相互理解のためのコミュニケーションである「対話」を大切にしている姿であると考えています。これは、言葉や表情や身体などを介した素直で自然な「対話」が、学校での学びはもちろん、子どもたちが過ごす時間のすべてを豊かにしてくれると信じています。その前提として、教師自身が子どもとの「対話」を心から楽しむことを忘れてはいけないと思います。

もちろん、「つなぐ」と「対話」は、体育授業でも大切にしていますし、それを大切にすることが子どもたちの充実した学びにつながっていきます。

体育授業は、楽しみにしている子どもたちがいる一方、それぞれのパフォーマンスが見えるので苦手としている子どもたちがいることも事実です。だからこそ、子ども同士が励まし合ったり、教え合ったり、お手伝いをしたりする「対話」によって、子ども同士はもちろん、友達の動きや運動のポイントと自分の動きを「つなぐ」ことを大切にしています。そうすることで、自分の動きや考え方が変わってく楽しさや、友だちと共に学ぶ楽しさをリアルに経験できるのです。

誰かや何かと前向きに「対話」し、少しずつ前に進むために自分と誰かや何かを「つなぐ」ことは、予測できない未来を豊かに生き抜くヒントになるのです。

1

もくじ
CONTENTS

1章 体つくり 13

体つくりで大切にしたいこと 14

2章 器械運動 39

Q&A

対話でつなぐ体育授業
～授業の事実と子どもの具体的変化を捉える～

「意味のあることを　熱意をもって　上手に教える」

　この言葉は、私が大学生の時、恩師である小澤治夫先生（現・静岡産業大学教授）に教えていただいた言葉です。非常にシンプルな言葉ですが、教師として授業を行う上での大切なことが凝縮されている言葉だと今でも感じています。

　この言葉のもと、雰囲気がよく勢いのあるよい授業を目指してきました。大学で体育授業について学び（もちろん他教科についても）、小学校の教師となり、たくさんの先輩に学び、十数年がたちます。

　この十数年の間に、体育授業の考え方、実際の授業の構成や進め方は大きく変わってきました。それと同時に、授業中の子どもたちとのかかわり方も変わっていきました。

Episode ❶

　マット運動の倒立前転。全員が倒立前転の習得を目指し、そこからそれぞれが挑戦する技に取り組む授業を行いました。

　授業前、自分の発問や予想される子どもの反応、細かな発言の想定まで自身のノートに書いていました。入念に良い準備をしようとしたと考えることもできますが、自分の考えている方向に授業を進めたいということが頭にあったのかもしれません。

　実際の授業はというと、子ども同士の関係性に助けられたものの、教師の指導やその場の対応など、課題が山積みでした。授業の終盤には、それぞれが挑戦する技に取り組む子どもたちの多様な学びに対応できず、自分の無力さを自覚しながらマットの周りをグルグルとただ動いている自分がいました。子どもたちが嬉々として精一杯がんばっていたのに、それに応えられないことを情けなく感じました。

　実は、単元を通して、ずっと苦しいこともありました。それは、体を回転させたり、逆さになったりする感覚に慣れておらず、倒立前転の習得以前に、ほとんどの時間を前転の練習に費やす子を出してしまったことです。挑戦する技に取り組む時間になっても、前転の練習に終始させてしまいました。ひたむきに取り組む姿や声をかける仲間の優しい姿はありましたが、難しい技に楽しそうに挑戦する仲間を横目に、どんなことを思っていたのかと想像すると今でも申し訳ない気持ちになります。

この経験は、私にとって非常に大きなものになりました。これではいけないと思う反面、具体的にどうすればいいのかが見出せず焦りを感じていました。そんな中でも、同僚の先生方の授業を拝見したり、授業についてアドバイスをいただいたりしながら、多くのことを学ばせていただきました。教材への知識や理解はもちろん、子どもたちと教師、子どもたち同士の豊かなかかわりが体育授業を充実させること。体育授業で培った信頼関係がそれ以外の授業や活動でのかかわりを豊かにすること。これらが、ほんの少しだけ見えてきた気がしました。

そして、7年前の4月に現在の勤務校に着任しました。それから毎年のように1年生から6年生までの全学年の体育授業を担当し、6年間の学習のつながりや運動領域の系統性を意識して授業を進めることができています。また、同じように全学年の体育を担当している先輩の先生方と日常の中で体育授業について語ることができ、教材への知識や理解を少しずつ積み重ねることができています。

それと同時に、各教科・領域の個性豊かな先輩の先生方の授業を拝見したり、授業中に意識していることや子どもたちとの接し方について話を聞いたりと、日常的に体育以外の教科や領域の先生からも学ぶことが数多くあります。

そんな、毎日の実践を経て、体育授業を通じて大切にしたいことが定まってきました。

それは、「**体の基本的な動き（運動感覚・技能）を身に付け、高めること**」です。つまり、子どもたちには自分の体を思うように動かすことができ、その楽しさを実感してほしいと強く願っています。

「する・できる」の充実を目指し、友だち同士が動きを「みる」こと、友だち同士が「支える」こと、運動のポイントを「知る」ことを上手につなぎながら、自分の力を伸ばしてほしいのです。

そして、それを実現させるために意識しているのが「**対話でつなぐ体育授業**」です。

> **Episode ⑪**
> 鉄棒運動の後方膝かけ回転。クラス替えをしたばかりの子どもたちと最初に取り組んだ鉄棒の授業でした。全員がお手伝い（子ども同士の補助）で1回でも回ることができることを目指し、学習をスタートさせました。（1回あたりの活動時間は20分程

度)

　単元前半の最初の5分〜10分は、鉄棒の入門
期に扱うような基本的な教材に取り組ませなが
ら、実態を把握することにしました。取り組もう
としている教材と隔たりがあった際には違う技に
取り組ませる必要があると思ったからです。それ
と同時に基礎感覚を養いながら、子どもたち同士

がお互いのことを知ることができるようにしました。体を締める感覚に不安がある子
もいましたが、逆さや回転することに極端に恐怖心を抱く子がいなかったので、後方
膝かけ回転の学習に進みました。

　最初に教えたのは、お手伝いの方法です。

　「お手伝いのやり方がわかって、お手伝いありで回れたら、完ぺきだからね！」

　と言って説明を始めます。足を地面に着いた状態で膝の裏を鉄棒にしっかりかけま
す。お手伝いの2人は鉄棒を挟んだ反対側に立ち、鉄棒の下から腕を伸ばし肩のあた
りを支えます。後方に体を倒す勢いを生かして体を持ち上げます。1つ1つ丁寧に確
認をすることを意識しました。そして、班ごとに分かれて挑戦開始。最初はドキドキ
しながら取り組んでいた子どもたちも、2人の友だちに最初から支えられていること
で、全員が安心して挑戦することができました。そして、**「ちゃんと支えるから大丈
夫だよ！」**「**おもいっきりやってみて！」**とお互いに声をかけ合う姿があり、ほとん
どの子がお手伝いありで回れるようになりました。

　単元が進むにしたがって、1人で回ることに挑戦する子が増えていきました。何回
か班ごとに取り組んでいたのですが、クラスの半数が回れるようになったあたりで、
学習が少し停滞しているようにみえました。そこで、こんな声をかけました。

　**「回れた子は鉄棒を移動せずにお店屋さんだよ！　困っていることがある子はどこ
の鉄棒でやってもいいよ！　教え方が上手そうなお店はどこかな？」**

　すると、困っている子の力になろうと、運動のポイントを自分なりの言葉で伝えま
す。**「背すじを伸ばして、一気にストンって感じで！」「鉄棒の上にボールがあると思
って、おもいっきりポーンッってけるように！」「最後はグッと肘を伸ばして！」**全
員が後方膝かけ回転ができるように、子どもたち自身の言葉でアドバイスをしている
のです。また、**「お手伝いで回ったら、すぐに1人で挑戦してみて！」**と、お手伝い

での成功体験を忘れないように取り組むように促す子も出てきました。まさに「できる」を目指し、子どもたちが声かけやお手伝いという対話でつながり合って、学習を進める姿がそこにはありました。

　そして、なかなか1人で回ることができずに苦労していた子が回った瞬間、本人よりも先に、大きな声で、「よっしゃー！　できたー！」とガッツポーズをする姿が見えました。それは、その子にかかわっていた、クラスで1番鉄棒が得意な子でした。1人で何回も連続で回れる子が、自分のことのように、いや、自分のこと以上に満面の笑みで喜んでいる姿が印象的でした。

　もちろん、回ることができた子はそこで自分に自信をもつことができ、その後の教材でも、苦手なものがあっても前向きに学習に取り組むことができました。

　この授業には、これから紹介する実践に共通するさまざまなポイントがあります。
○子ども同士、子どもと教師の対話（声かけ、お手伝い）が学習を進めるポイントになっていること。
○子どもたちが安心感をもって前向きに取り組んでいること。
○実態に合わせた教材であり、全員が共通の課題に取り組んでいること。
○ねらいを絞り、全員ができそうなゴールをイメージしていること。
○学習の場や方法が簡単で手軽であるということ。

　本書には、**対話でつなぐ体育授業**を通して、一生懸命に自分の力を伸ばし、一生懸命に仲間の頑張りを見守り、一生懸命に仲間を支え、一生懸命に考え、一生懸命に授業を楽しむ子どもたちのありのままの姿があります。そして、そこには対話（声かけ・お手伝い）を支える、教師のちょっとした"はたらきかけ"があるのです。大がかりな準備も、高い専門的な知識も必要ありません。

　子どもたちにとっても、教師にとっても日々の体育授業が少しでも幸せなものになることを願って書かせていただきました。多くの先生方の体育授業づくりの"お手伝い"になり、たくさんの"対話"が生まれることに"つなげて"いただければ幸甚に思います。

2021年3月　　**齋藤 直人**

本書の使い方

◆ 見出し部分

掲載している教材の適している学年、季節をアイコンで示しています。

◆ 教材名（技の名前）

教材の名称（または技の名前）です。

◆ 時間

活動する時間の目安です。ほとんどの教材が20分程度で活動することができます。

◆ 教材の説明

教材の説明です。どのようにして取り組むのか（運動の方法やルール）、子どもにとってどんな教材なのか、どんなことをねらった教材なのかについて書かれています。子どもたちに意識させたいポイントや、起こりやすいつまずきについても、まとめてあります。

「誰でも簡単！体つくりの"はじめの一歩"」

おりかえしの運動

かけ足
うさぎとび
手押し車

20 min /45min

『おりかえしの運動』は、簡単な方法で効率よく運動量を確保できるだけでなく、体の総合的な動きを身につけさせることができる教材です。この総合的な動きをより多く経験することがさまざまな運動の基礎を育てていきます。また、学習のルールや態度をしばらせる上でも有効です。順番の待ち方や友だちへの声のかけ方、全力を出す習慣は低学年の時期にこそ、自分たちの価値やよい習慣として根付かせたいと考えます。低学年で扱うことが多いですが、学習集団の実態把握にも適していますので、どの学年でも取り組む意味はあると思います。

対話でつなぐ教材のポイント

スタート・ゴール

おりかえしライン

テンポよく進めて
"動きづくり・感覚づくり"

片道10m程度になるようにスタート・ゴールラインと折り返しラインを設定します（体育館にある既存のラインを使いましょう）。

折り返しのラインまで指定の運動を行い、帰り道はかけっこを行うことを基本とします。大がかりな用具は必要ありません。基本的な動きづくり、感覚づくりに最適です。繰り返し取り組むことで確実に力が付きます。

16

◆ 対話でつなぐ教材のポイント

教材を授業で扱う上でのポイントが書かれています。授業を進める上でのポイントはもちろん、子ども同士、子どもと教師が対話（声かけ、お手伝い）しながら楽しく学習するためのポイントをまとめました。

3つの声かけポイント

「上手くできなくてもいいんだよ！」

さまざまな運動に取り組む中で、最初のうちは動きがぎこちなくなってしまうことがあります。

すぐに修正したくなりますが、危険でなければ、正しい動きを一緒に確認し、繰り返し取り組む中でスムーズになることを待ちましょう。

安心して体を動かせるように声をかけます。

「どうやって
待っているのがいいかな？」

この教材は、動きづくりや感覚づくりのための教材でもありますが、学習のルール・約束事を学ぶこともできます。自分が終わったら仲間の運動を見たり、数を数えたり、応援したりするなどの良い学び方を褒めて、授業中の良い習慣を身に付けさせましょう。

「困っていたら助けてあげてね！」

学習のルール・約束事とも関連しますが、一人では「できない」ことでも、"お手伝い"をしたり、してもらったりすることで「できた！」に変わることの大切さを学ばせたいと考えています。

"お手伝い"をするには、仲間の運動を見て困っていることに気づかなければなりません。また、"お手伝い"をしてほしいときには、仲間に困っていることを伝えなければなりません。

技能が見える教科だからこそ、はじめの段階から安心して自分を出し、仲間と一緒に学ぶことの良さを実感させたいと考えています。

17

◆ 声かけのポイント

授業中に子どもにどんな声かけをするのかが書かれています。子どもたちに意識させたいポイントや子どもたちに考えてほしい問いかけを具体的に書いています。授業中に、どんな言葉をかければいいのか困ったときには、ここを読んでいただければ大丈夫です。また、この教師の声かけが子どもたちにも伝播し、子どもたちがより効果的な対話をしながら学習を進めていくことができます。

◆ お手伝いのポイント

お手伝い（子ども同士の補助）について、そのプロセスを写真で解説しています。体育授業でのお手伝いは重要な対話の一つです。やり方について丁寧に確認することで、効果的なかかわりが生まれ、子どもたちの「できた！」の声が増えていきます。

◆ 楽しく発展！

メインで扱っている教材が上手にできたら行いたい、少しだけ難易度が高くなる教材を紹介しています。同じ学習の場で取り組むことが前提です。次の学年で扱ってもよいでしょう。

Column

「おさえておきたい基礎感覚は?」

　小学校の体育授業では、体の基本的な動きができることが大切です。しかし、基本的な動きといっても、なかなかイメージしづらい部分もあると思います。そこで「体の基本的な動きができる」を「**動きづくり・感覚づくり**」と考え、以下のような運動感覚や姿勢感覚を身につけることを大切にしています。低学年のうちから身につけさせることが理想ですが、中学年や高学年であっても、感覚や経験が乏しい場合には、下の表の運動教材に取り組み、感覚を高めておくことをおすすめします。

　つまり小学校の体育授業では、「動きづくり・感覚づくり」をしていくことを意識し、子どもたちが自分の体を思うように動かすことができるようにしていきましょう。

感覚・技能	場（運動教材　動き）
腕支持感覚	フロア（手足走り、うさぎとび、あざらし、手押し車）
逆さ感覚	フロア（手足走り、うさぎとび、うまとび）
	ロープ（ぶらさがり、おさるのしっぽ）
回転感覚	マット（前回り、後ろ回り）
手足の協調	フロア（手足走り、くも歩き、うさぎとび、スキップ、うまとび　全力走）
体幹のしめ	フロア（うさぎとび、くも歩き、手押し車、おんぶ、全力走）
	ロープ・のぼり棒（ぶらさがり、おさるのしっぽ、ターザン、棒のぼり）
振動感覚	ロープ（ターザン、おさるのターザン）

　また、これ以外にも以下のような感覚や技能は低学年のうちから育てていくようにします。

> **短なわの操作、長なわの回し方、入って跳ぶ、片足・両足の踏み切り、両足着地　etc**

1章 体つくり

体つくりで大切にしたいこと

■ 「体つくり」を「動きづくり・感覚づくり」と考える

　今回、紹介する「体つくり」の実践は、「**体を動かす楽しさや心地よさを味わうこと**」と「**体の基本的な動きができること**」の両方を目指しています。

　心地よさを味わったり、基本的な動きのコツをつかんだりするには、運動頻度を楽しく保証することが大切です。つまり、トピックス的に扱って何となく楽しいではなく、頻度を保証し、できることを少しずつ増やしたり、動きを高めたりすることを目指します。そうすることで、基本的な動きができることを実感しながら、体を動かす楽しさを味わうことができるのです。

　紹介している実践は、学年の最初の体育授業で取り組むことで、学級全体の体の動きが見えてきます。また、単元で進めてもいいのですが、ウォーミングアップの一環として、継続的に取り組む方が、より効果が期待できます。

■短なわでかかわりを広げる!　長なわで楽しさを広げる!

　『短なわとび』も、『長なわとび』も全国の多くの学校で取り組んでいる教材です。

　『短なわとび』は個人の取り組みになりがちで、得意な子は楽しいのですが、苦手な子はどんどん置いていかれるような気持ちになってしまいます（小学生のときの私がそうでした）。

　そこで、難しい技に挑戦したり、回数を競い合ったりすることをメインにせず、**かかわりを大切にしながら全体として確実に技を習得していく**ことをメインにします。お互いがアドバイスをしたり、気づいたことを伝え合ったりすることを大切にして、技能の定着を目指します。低学年から中学年のうちに、ある程度技能が定着してくれば、その技能を生かして、自分たちのアイデアで短なわとびを楽しむことができます。

　『長なわとび』は、1年生から6年生まで同じ長さ、同じ素材のなわを使って、長なわの楽しさを少しずつ広げていきましょう。かぶり回しの8の字とびで終わってしまっては非常にもったいない教材です（若い頃の自分に声を大にして言いたい！）。

　そのためには、1年生のときから、「**全員が跳び手、全員が回し手**」という意識で取り組んでいきます。なるべく待ち時間や見ている時間が少ないように最少人数で取り組むことで、全員に跳ぶ機会も回す機会も保証することができます。また、グループごとに回数を競わせながらも、各グループの回数を足してクラス全体の回数とすることで、全体としてのモチベーションが高い状態を維持しながら取り組むことができます。

■からだつくりのつながり

[おりかえしの運動]

◇かけ足　　　◇後ろ走り
◇ケンケン　　◇両足ジャンプ
◇スキップ　　◇手足走り
◇うさぎとび　◇かえるとび
◇アザラシ　　◇クモ歩き
◇後ろクモ歩き　◇前ころがり

[じゃんけんゲーム]

◇ケンケン　　◇両足ジャンプ
◇手足走り　　◇アザラシ
◇クモ歩き　　◇後ろクモ歩き
◇ブリッジ

[2人組の運動]

◇馬跳び　　◇手つなぎグーパージャンプ
◇ブリッジ　◇手押し車　　◇おんぶ

[クライミングロープ]

◇ロープ登り
◇ターザン
◇おさるのしっぽ
◇おさるのしっぽブラブラ
◇グランドキャニオン

[長なわ]

◆大波・小波
◆ゆうびんやさん
◆とおりぬけ
◆0の字とび

◆8の字とび
（かぶり回し・むかえ回し）
◆ひょうたんとび
◇ひょうたんとびダブル
◆人数とび

◆ダブルダッチ
◇長なわパフォーマンス

[短なわ]

◆30秒とび［前・後ろ］
◆あやとび［前・後ろ］
◆交差とび［前・後ろ］
◇階段二重回し

◆サイドクロス［前・後ろ］
◇二重回し［前・後ろ］
◇かえしとび

◇はやぶさ（前・後ろ）
［あやとび二重回し］
◆短なわ2人とび

15

おりかえしの運動

20 min /45min

かけ足

うさぎとび

手押し車

『おりかえしの運動』は、簡単な方法で効率よく運動量を確保できるだけでなく、**体の総合的な動き**を身につけさせることができる教材です。この総合的な動きをより多く経験することがさまざまな運動の基礎を育てていきます。また、**学習のルールや態度**を学ばせる上でも有効です。順番の待ち方や友だちへの声のかけ方、全力を出す習慣は低学年の時期にこそ、自分たちの価値やよい習慣として根付かせたいと考えます。低学年で扱うことが多いですが、学習集団の実態把握にも適していますので、どの学年でも取り組む意味はあると思います。

対話でつなぐ教材のポイント

スタート・ゴール
おりかえし
ライン

テンポよく進めて
"動きづくり・感覚づくり"

　片道10 m程度になるようにスタート・ゴールラインと折り返しラインを設定します（体育館にある既存のラインを使いましょう）。

　折り返しのラインまで指定の運動を行い、帰り道はかけっこを行うことを基本とします。大がかりな用具は必要ありません。基本的な動きづくり、感覚づくりに最適です。繰り返して取り組むことで確実に力が付きます。

「上手くできなくてもいいんだよ!」

　さまざまな運動に取り組む中で、最初のうちは動きがぎこちなくなってしまうことがあります。

　すぐに修正したくなりますが、危険でなければ、正しい動きを一緒に確認し、繰り返し取り組む中でスムーズになることを待ちましょう。

　安心して体を動かせるように声をかけます。

「どうやって
　　　待っているのがいいかな?」

　この教材は、動きづくりや感覚づくりのための教材でもありますが、学習のルール・約束事を学ぶこともできます。自分が終わったら仲間の運動を見たり、数を数えたり、応援したりするなどの良い学び方を褒めて、授業中の良い習慣を身に付けさせましょう。

「困っていたら助けてあげてね!」

　学習のルール・約束事とも関連しますが、一人では「できない」ことでも、"お手伝い"をしたり、してもらったりすることで「できた!」に変わることの大切さを学ばせたいと考えています。

　"お手伝い"をするには、仲間の運動を見て困っていることに気づかなければなりません。また、"お手伝い"をしてほしいときには、仲間に困っていることを伝えなければなりません。

　技能が見える教科だからこそ、はじめの段階から安心して自分を出し、仲間と一緒に学ぶことの良さを実感させたいと考えています。

じゃんけんゲーム

20 min
/45min

アザラシじゃんけん

ケンケンじゃんけん

　『じゃんけんゲーム』は、「おりかえしの運動」と同様に、**簡単な方法で効率よく運動量を確保できる**だけでなく、**体の総合的な動きを身につけさせる**ことができる教材です。"じゃんけん"を取り入れることで、偶発性やゲーム性が高まり、運動が苦手な子も得意な子も誰でも楽しく競い合うことができます。また、2チームの対抗戦なので自然と声援を送る姿が見られ、心も体もおもいっきり解放される運動教材です。

　2手に分かれて準備をし、合図で指定された運動を行いながら、相手チームの子とじゃんけんをして、3人に勝ったらゴールに向かいます。一定時間内にゴールした人数の多いチームの勝ちとします。最初は、走って移動しながらジャンケンを行い、ルールがわかってきたところで「両足ジャンプ」「ケンケン」「スキップ」などを移動の仕方を変えていきます。また、「勝ったら、友だちの足の上をジャンプする」「負けたら、友だちの作ったトンネルをくぐる」など、ジャンケンの結果によって運動をすることも様子を見ながら取り入れます。

対話でつなぐポイント

夢中になりながら感覚を高める!

　"遊び"の感覚を大切にし夢中で取り組めるようにしましょう。「遊び＝学び」になる教材なので、あまり正しい動きを追い求めず、子どもたちが夢中になれるようにサポートしていきます。

3つの声かけポイント

「○○チーム、リードしています!」

この教材ではゲーム性を生かしながら、子どもたちが夢中になれるような声をかけます。子どもたちの競争意識に火をつけるような声をかけるのもよいのではないでしょうか

勝ったらブリッジ

「しっかりルールを守っているね!」

夢中にさせるとはいえ、勝敗にこだわりすぎてルールを守らないことを認めてはいけません。子どもたちの様子をよく観察しながら、どんな状況でもルールをしっかり守っている子どもたちには価値づけをする声をかけます。

「応援している子、素敵だね!」

運動量や総合的な運動感覚を高めるのはもちろん、学習へ向かう態度についても学び、よい習慣を根付かせるねらいがあります。1番最初に友だちを応援している子を見つけて、その子に価値づけをします。そのよい習慣は子どもたちの中で一気に広がります。

クライミングロープ

ターザン

グランドキャニオン

おさるのしっぽ

　『クライミングロープ』は、さまざまな楽しみ方があり、子どもたちが夢中になって取り組みながら、**体の締め感覚や逆さ感覚を高める**ことができます。また、仲間と協働して取り組む教材もあり、**仲間づくりや学級開き**にも活用できます。

　まずは、10秒間つかまって落ちないようにすることから始め、より高くまで登ったり、足を上にしてぶら下がったりして、クライミングロープに慣れていきます。次第にロープにつかまって大きく揺れたり、ロープを使ってマットや跳び箱に飛び移ったりする活動へと広げていきましょう。

対話でつなぐポイント

楽しさ以上に安全・安心を

　ドキドキやワクワクがあり、多くの子どもたちにとって楽しみな教材です。だからこそ、不安な子に対する配慮やケガを未然に防ぐ配慮をしておく必要があります。

　①**摩擦で手を火傷しないように時間をかけて下りる**（周りは絶対に急かさない）②**ロープは必ず手渡し**（ロープの先は接着剤や結び目があり非常に硬い）③**待つ場所を守る**（ロープや人にぶつからない）④**足が着くまで手は離さない**

　ケガが起きると、不安に思っている子はさらに恐怖心が大きくなります。安全や安心の上に、楽しさや面白さがあることを子どもたちと確認しましょう。

「肘に注目!」

　まずは、落ちないようにすることから始めます。肘を曲げて、脇を締めます。

　肘が伸びると力が入らず、自分の体重を支えるのが難しくなります。

　肘をしっかり曲げて、力を入れて、顔をロープを持っている手に近づけることを目指しましょう。次第に姿勢が安定し、揺れているロープでも落ちずにつかまり続けることができます。

「足も使うよ～!」

　クライミングロープは、腕（ひじ）に力を入れることが大切ですが、足も上手に使いましょう。

　登るときには、ロープを腿で挟むようにして、足の裏のあたりでつかむようなイメージで、足を使います。

　逆さになるときは、ロープを足の内側で挟むようにして、落ちないようにしましょう。

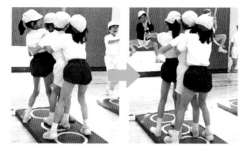

「力を合わせてごらん!」

　かべからロープにつかまって、少し離れたマットに渡ります。跳び箱を使った「グランドキャニオン」という教材の低・中学年のバージョンと考えています。

　4人グループで全員がマットに渡り、乗ることを課題としています。落ちないようにするには、仲間の支えが必要不可欠です。

　待っている子も体を寄せ合いながら、渡ってくる仲間をしっかり受け止めましょう。

30秒とび・あやとび ・交差とび

20 min /45min

　短なわとびは、限られたスペースでも十分な運動量を確保することができます。また、一人ひとり自分のものを１本持っている場合が多く、非常に身近な教材と言えます。

　なわとびカードなどを渡して、そこに示されている技に挑戦させる方法をよく目にします。この活動だと、自分の課題に向かって学習を進めることができるように思えます。

　しかし、苦手な子からすれば、どんどん進んでいく仲間を見て、自分だけ置いて行かれている印象を受けます。すると、取り組みが後ろ向きになります。

　そこで、授業の中では取り組む技や回数を限定し、全体として同じ課題に取り組みます。**技能の差が生まれやすい個人の教材こそ、対話を生かして、学習を充実させましょう。**

対話でつなぐポイント

できた！　以上の価値を

　『あやとび』や『交差とび』は、10回連続で跳ぶことを目標にします。得意な子は、すぐに達成するでしょう。

　達成した子を「ミニ先生」に任命し、困っている仲間を助けます。「できるのもスゴイ！でも、できるようにさせるのもスゴイ！」という価値を子どもたちに伝えています。

「見えるように数えよう！」

『30秒とび』は、30秒間で何回跳べるかに挑戦する教材です。一斉に教師が合図をします。

このときには、数え方が大切です。声に出して数えると、跳ぶスピードに間に合わなかったり、他の友だちの数える声が聞こえてしまい自分の数がわからなくなったりすることがあります。

そこで、指を使って声を出さずに数えます。10回ごとに指を出していきます。そうすれば、混乱も少ないですし、とんでいる子も数えてくれていることが確認でき、安心して跳ぶことができます。

「腕の動きに注目にしてね！」

『交差とび』や『あやとび』では、腕のクロスの仕方がポイントになります。大きくは①おへその前あたりでクロスすること　②持っている手は上半身の外側に出るぐらい大きく回すことの２つです。

上手な友だちがクロスしている場面に焦点化して観察してポイントを発見させると、教師から一方的に教えるよりも自分事として捉えやすくなります。

「教え方が上手なのは誰かな？」

共通の課題に取り組み、「ミニ先生」制度を取り入れると、困っている仲間の力になりたいと思う子どもが増えてきます。

子どもたちは仲間の困り感に寄り添い、さまざまな方法でアドバイスをしています。それぞれに価値づけするのはもちろん、もらったアドバイスを全体で共有する場面を設定します。教え方の幅が広がったり、自分も生かしてみようというアイデアが見つかったりして、より学習が充実します。

サイドクロス（前・後ろ）

20 min /45min

　『サイドクロス』は、体の脇の床になわを打ちつけてリズムをとり、交差とびを行う教材です。前回しで10回できたら、後ろ回しでも10回跳ぶことに挑戦しましょう。

　系統性を考えれば、交差とびやあやとびを学習した後に取り組むと、子どもたちにとって動きを応用することができ、無理なく挑戦することができます。腕を上に重ねるようにして動かして跳ぶと『前サイドクロス』、腕を下に重ねるようにして動かして跳ぶと『後ろサイドクロス』になります。この場合、体の脇でリズムをとるときにも前の場合は上から下へなわを動かし、後ろの場合は下から上へなわを動かします。

対話でつなぐポイント

「腕のクロスに
意識を向ける」

　体の脇でなわを動かしていた**腕をどのようにクロスさせるのか**が大きな課題になります。

　まずは腕をクロスする場面を焦点化して学習を進めましょう。

「まずは友達に 見てもらおうね!」

なかなか上手くとべない子は、そーっと活動から逃げたくなる気持ちになります。また、どこが上手くいかないのかが自分でもわからないことがあります。

上手くいかなくても当たり前という雰囲気を大切にしつつ、まずは友だちに見てもらうように声をかけます。子どもたちなりに運動を分析し、アドバイスするきっかけが生まれます。

「いろんな角度から 見てあげよう!」

友だちの動きを見るときに、複数で見る場合には、いろんな角度から見るように意識させましょう。

見方が多角的であれば、仲間の困り感にもすぐに気が付くことができます。

片手になわを1本ずつ

「自分のなわを 貸してあげよう!」

教え方やアドバイスの方法はさまざまあっていいと思います。仲間のために、知恵を出すことが大切です。

例えば、なわを貸して、片手になわを1本ずつ持たせます。そうすることでなわにひっかかることがなくなり、腕の動きに集中できます。この方法は、交差とびやあやとびでも効果があります。

短なわ2人とび

20
min
/45min

　『短なわ2人とび』は、できる技が増えるという1人での短なわの楽しさから、**できる技を応用して複数で取り組む楽しさ**のある短なわの教材です。学級開きにも使える教材です。

　やり方は非常にシンプルです。身長の近い男女でペアをつくります。ほかのペアとぶつからない場所を探し、場所取りをします。

　まずは、2人に1本短なわを準備し、「**どんな跳び方があるかな。10回を目標に跳んでみよう**」と声をかけます。すると、子どもたちは一斉に取り組み始めます。

　子どもたちの発想を大切にして学習を進めます。取り組んでいる技、挑戦している技を紹介し合えば、さらに活動は活発になります。

対話でつなぐポイント

「アイデアの共有で
楽しさを広げる」

　『短なわ2人とび』に正解はありません。

　2人で面白がりながら夢中になって取り組むことと、他のグループのアイデアを認め合いながら楽しさを広げられるように、活動の下支えをしましょう。

「動きを合わせるにはどうしたらいいかな?」

　2人で跳ぶということは、2人の動きを合わせ続けることが必要になります。

　かけ声も大切ですが、手をつないだり、肩を組んだりして動きが一緒になるように工夫しているペアを見つけたら、全体に紹介し、価値づけしましょう。

「向きを変えても面白いね!」

　最初は2人が横並びだったり、向き合ったりするペアが多く出てきます。

　次第に、前後にしてみたり、背中合わせに挑戦してみたりするペアも出てきます。

　お互いにアイコンタクトができなくなると難易度が上がり難しくはなりますが、子どもたちのアイデアを広げましょう。

「一緒に跳ばなくてもOK!」

　"2人とび"と言っても、必ず一緒に跳ばなければならないということではありません。左の写真のように"回し手"と"跳び手"が入れ替わるような跳び方も認めます。

　アイデアが最大限に生かせるようにルールは最小限にしましょう。もちろん、慣れてくれば、2人に2本の短なわで挑戦してみても良いでしょう。

ゆうびんやさん・とおりぬけ・0の字とび

20
min
/45min

ゆうびんやさん

0の字とび

　多くの学校で取り組まれている長なわとび。その長なわとびを学習する入門期に扱いたいのが、『ゆうびんやさん』と『とおりぬけ→0の字とび』です。

　『ゆうびんやさん』は、歌を歌いながら、長なわを跳びます。歌詞は「ゆうびんやさ～んのおとしもの　ひろ～ってあげましょ（この間は左右の振動）」、「1まい　2まい　3まい……（なわは1まいごとに1回旋）」、「10まい　ありがとうさん（『さん』でなわをまたいで終わり）」。歌詞は地域によって違いがあります。

　『とおりぬけ→0の字とび』は、ゆっくり回っているなわに入ります。『とおりぬけ』は、跳ばずになわに当たらないようにそのまま走り抜けます。『0の字とび』は、とおりぬけと同じタイミングで入り、なわの真ん中で一度止まり、なわを跳んでから走り抜けます。回し方は、上からなわが自分に向かってくる「かぶり回し」で行います。

対話でつなぐ教材のポイント

跳び手も回し手も
みんながどちらもできる！

　なるべく少ない人数で取り組ませ、**全員が跳び手だけでなく、回し手**になれるように学習を進めます。ですので、なわへの入り方などの跳び方の学習はもちろん、上手な回し方や回すときのポイントも共通理解していくことが大切です。

「肩と膝を使って
大きく回そう!」

　長なわとびは、跳ぶことに意識をおくことも重要ですが、子どもたち自身が「**友達が跳びやすい回し方**」を学習することで、跳ぶことの学習に安心して臨むことができます。

　肩を支点に大きく回している子ども、**膝の曲げ伸ばしを使って回している**子どもを探し、その子の回し方を全員で観察します。観察する際は、観察する側の子どもには「腕と足を見て気づくことはないかな?」と観点を与えます。お手本の子どもには意識させないように（観点を与えているときには目を閉じ耳をふさぐ）、回してもらいます。そこで、気づいたことを共有し、回し方のポイントを共通理解します。

「どこで回してあげるのかな?」

　回し方と共に大切なのが、回す場所です。

　"**線の上で回すこと**"を意識させます。『ゆうびんやさん』では跳んでいるうちに横にズレないように、『0の字とび』ではなわの真ん中で跳ぶときに、それぞれ線が目安になります。

　体育館であれば既存のラインテープ、運動場であれば線を引いてあげて、その上で回すように声をかけます。

「入るタイミングはいつ?」

　『とおりぬけ→0の字とび』では、入るタイミングを学習します。何回か取り組ませた後に子どもたちに、「いつ入ったらいいかな?」と尋ねます。

　なわが床に着いたときにスタートすることを共通理解します。なわが床に着いたときの音を聞かせたり、スタートするときに「ハイ!　ハイ!」と声をかけたり、背中を押したりして、タイミングをつかませましょう。

8の字とび
（かぶり回し・むかえ回し）

20
min
/45min

　長なわとびの跳び方で、一番知られている跳び方がこの『8の字とび』ではないでしょうか。

　はじめは『0の字とび』と同じように、**上からなわが自分に向かってくる「かぶり回し」**で行います。

　グループの人数は回し手も含めて、8人から10人程度にします。跳ぶ子は、回し手のそばに並んで準備をします。「とおりぬけ」や「0の字とび」と同じ、**なわが床に着いたタイミングでスタート**することを共通理解します。そして、なわの真ん中でなわを跳び越し、急いで反対側の回し手のそばを抜けて、また並んで準備をします。次の子も、できるだけ間を空けずに続けて跳び、上から見たときに人の動きが8の字になるように跳んでみましょう。

　「かぶり回し」に慣れ、連続である程度跳べるようになったら、**下からなわが自分に向かってくる「むかえ回し」**に挑戦してみましょう。

対話でつなぐ教材のポイント

0の字とびを生かして!

　回し手が「肩と膝を使って大きく回すこと」や、跳ぶ子が「なわが床に着いたときスタートすること」など、既習事項を生かしながら、8の字とびの学習を進めます。

「回す場所と
回し方は大丈夫かな?」

『8の字とび』も回す場所は"線の上"です。

なわの真ん中でなわを跳び越すときの目安になります。これも体育館であれば既存のラインテープ、運動場であれば線を引いてあげて、その上で回すように声をかけます。8の字の場合は、8の字をかいて動きを示す方法もあります。

回し方の基本は「ゆっくり、大きく、丁寧に」です。

「速さよりも
引っかからないことだよ!」

慣れてくると回し手のスピードが上がってしまい、速く跳びがちになります。特に一定時間で回数を数えると尚更です。　速くても引っかかると、それだけタイムロスがあることを共通理解し、丁寧に取り組む意識をもたせましょう。

ちなみに、**片足で踏み切って走り抜ける**ようにして跳ぶと、跳んだ後に余裕ができ、引っかかりにくくなります。

「反対にしただけだから
簡単だよね!」

「むかえ回し」は、「かぶり回し」を反対に(下からなわが自分に向かってくるように)回したものです。「かぶり回し」に慣れてきたころに取り組むと、入るタイミングを難しく感じる子どもが多くいます。この不思議さを体験しながら、子ども同士が試行錯誤する時間を大切にしましょう。この時もなわの回すスピードがゆっくりであれば、引っかかっても大きなケガはあまり起きません。

ひょうたんとび

20
min
/45min

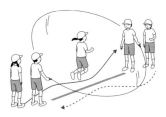

　8の字とびの「かぶり回し」でも「むかえ回し」でも、全体としてスムーズに跳べるように
なったら、この『ひょうたんとび』の学習をします。

　8の字とびは、なわの真ん中で跳んだら、対角線（斜め）の方向に走り抜けていました。

　この『ひょうたんとび』は、なわの真ん中で跳んだら、8の字とびと反対方向（右から入っ
たら、右の方向）に抜けます。そして、回し手のそばを回り、最初と同じように右から入り、
右方向に抜けます。入る方向と出る方向は一緒ですが、入る際のなわの見え方が「かぶり回し」
と「むかえ回し」が交互になります。

対話でつなぐ教材のポイント

交互でも混乱しないように!

　「かぶり回し」と「むかえ回し」のなわを交互に跳ぶ
必要があります。

　回すスピードが一緒でも、入るタイミングが微妙に違
います。その違いを意識しながら、入ることができれば、
連続で跳ぶこともできます。

　いずれも、なわが床に当たる音、なわの動きを意識し
て取り組みましょう。

2つの声かけポイント

「失敗は当たり前だよ！
　　　　挑戦してみよう！」

なわの動きは変わらないのに、出る方向が変わると、跳ぶ子にとっては大きな変化に感じます。

最初から上手くいかなくて当然なので、失敗を認めて、どこが難しいのかを考えさせながら、仲間と解決するように声をかけましょう。

「線をはみ出さないように
　　　　跳んでみよう！」

「かぶり回し」と「むかえ回し」の入るタイミングを意識するのも大切ですが、どこで跳ぶのかも大切になります。

これまで同様に、回し手の2人を結ぶ線の上で跳ぶと、抜けるときに同じ方向に戻ってきづらくなります。そのことに気づかせ、**目印の線の反対側にはみ出さない**ように跳ぶように共通理解を図ると、抜けるときに間に合わない子が少なくなります。

また、このポイントが発展させたときに効果を発揮します。

楽しく発展！

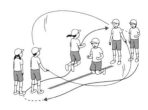

ひょうたんダブル！？

　ひょうたんとびの入り方、抜け方をほとんどの子どもたちが理解し、ひょうたんとびが連続で続くようになってきたら、『ひょうたんダブル』に挑戦してみましょう。

　これは、なわの中に2人同時に入り、同時にとび、同時に抜けるものです。線をはみ出さないことを意識すれば、ぶつかることはありません。

　最初の2人が声を合わせて入り、その後は前の子についていくようになります。

人数とび

20
min
/45min

『人数とび』は2人以上で、なわに入り、跳び、抜けることを楽しむ教材です。

「0の字とび」や「8の字とび」、「ひょうたんとび」などの教材で、一人でなわに入り、跳び、抜ける感覚を高めてきました。その発展として、一人でやってきたことを人数を増やして楽しみます。ある程度、全員がなわを安定して回すことができ、「8の字とび」がスムーズに跳ぶことができれば、扱っても問題ないでしょう。回し手は線の上で回すことだけは確認しましょう。

なかなか上手くいかない難しさを仲間同士で共有・共感しながら、それを楽しむことができるように声をかけていきましょう。

対話でつなぐポイント

入り方・跳び方・抜け方・並び方

回っている長なわを跳ぶ際のポイントとなる入り方・跳び方・抜け方に加えて、**並び方**に着目させましょう。

一人で跳ぶ際と共通していること、違っていることを意識させながら、スムーズに跳ぶ方法をみんなで考え、試して学習を進めましょう。

3つの声かけポイント

「どんなことに気を付ける?」

　まずは、やり方を説明したら、すぐにやってみましょう。やり方自体はシンプルなので、ほとんどの子が迷いなく始められます。

　その上で、まずはどんなことに気を付けることが大切かを問いかけ、考えさせながら挑戦させます。

　先頭で「せーのっ!」とかけ声をかけたり、手をつないだりしている子がいたら、その理由を確認しながら、価値づけてあげましょう。

「失敗はないよ! ドンマイの声が大事!」

　実際に取り組んでも、最初はなかなか上手くはいきません。それは、人数が増えれば増えるほど、難しくなります。それを前提として、子どもたち自身が余裕をもって取り組めるように、声をかけます。

　悪ふざけでのミス以外は問題ではないので、ドンマイと声をかけている子を見つけ、引っかかった際の対応にプラスのフィードバックをしましょう。

「困っていることは? 何かアイデアは?」

　一通り挑戦させた後に、全体での交流の場を設けます。あらかじめ設定するというよりも子どもたちの困り感や意見交換した方が良さそうだという必要感を子どもたちの様子から感じた時に設けましょう。

　入り方・跳び方よりも、跳んだ後の抜け方や並び方が上手くいかないことがあります。写真は、ずれずに跳ぶためには、手をつないだ方がいいけれど、4人で並ぶと間に合わないという意見が出された場面です。「2人と2人に分かれたらいい」や「そのためには真ん中の2人は柔らかく手をつなぐといい」など、子どもたちのアイデアで活動が充実していきます。

ダブルダッチ

20
min
/45min

　『ダブルダッチ』は、2本のなわをリズミカルに跳ぶ教材で、それまでの"長なわ"の学習で高めた感覚を生かして取り組みます。

　なわにタイミングよく入ったり、リズムよく跳び続けたりすることが必要となります。そのためには、長なわ1本での「かぶり回し」と「むかえ回し」の両方で安定して跳ぶ技能が前提となります。また、2本のなわを安定して回す技能も大切です。全員が回し手であり、とび手であることが授業を進める上で大切なので、安定して回す子が多くなる高学年向きの教材と言えます。

　ある程度跳ぶことができたら、なわの中に入って抜けることにも挑戦しましょう。跳ぶ回数と跳ぶ方向について着目させ考えながら取り組むと、跳んで抜けるためのポイントが見えてきます。

対話でつなぐポイント

"回すリズム"と"跳ぶリズム"

　『ダブルダッチ』は、"リズム"がポイントになります。

　回すときには2人の息を合わせる必要があります。「イチ・ニッ、イチ・ニッ、イチ・ニッ……」と回す子たちはもちろん、同じグループの仲間も声を出すと、リズムよく回すことができます。

　跳ぶときにも2本分跳ぶので、1本で跳ぶときよりもリズムが速くなります。「ハイッ・ハイッ・ハイッ……」と、一定のリズムを周りがとってあげると、安定して跳び続けることができます。まずは、5回跳ぶことを目標にしましょう。

「丁寧に回してごらん!」

　２本のなわを安定して回すことは、想像以上に難しいことです。途中で絡まることもありますし、中で人が跳ぶとリズムが崩れることもあります。

　まずは、誰も跳ばない状態で安定して10回程度回すことを目標にしてみましょう。途中で絡まることはお互いさまと思うように声をかけましょう。

　写真のように後ろから腕を持って、お手伝いすると安定して回すことにつながります。

「なわの"口"に注目!」

　跳ぶときに最初に困るのが「いつ入ればいいのかがわからない問題」です。

　感覚的に入れる子もいれば、理解しないと入れない子もいます。感覚的に入れた子が自分の動きを分析して伝えたり、入れた子の動きを観察して"いつ"を探したりして学習を進めましょう。

　子どもたちは、「跳ぶ子から見て、手前のなわが上、奥のなわが下にきたときに、"口"が開くから、その瞬間に入るといいよ」と、子どもたちなりの言葉で課題を解決しようとします。

「一緒に跳んであげてね!」

　次に課題になるのは「一定のリズムで跳べない問題」です。入ることができても、跳んでいるうちになわとのリズムがずれて引っかかることがよくあります。

　そこで、**なわの外側で一緒に跳びます**。なわの中の子は、その仲間の動きに合わせながら跳ぶことで、リズムを崩さずに跳ぶことができます。拠り所があるので、安心して取り組むことができます。

Column

「“準備体操”、“準備運動”は必要?」

　“準備体操” というと、体育係さんが前に出てきて、「屈伸、1、2、3、4」「伸脚、1、2、3、4」というものをイメージする方が多いのではないでしょうか。私は水泳の授業以外は、そのような体操はしません。

　しかし、運動強度に応じて、“準備運動（ウォーミングアップ）”を行うことはあります。

　これは、取り組む教材に必要な運動の感覚を高めることと心と体の準備を目的にしてます。また、取り組ませる際には、子どもたちが　**①既に経験している運動　②やり方に慣れている運動　③運動の負荷が小さい運動**　を意識しています。

　例えば、
　『**側方倒立回転**』の前に『**かべ逆立ち**』、
　『**だるま回り**』の前に『**連続前回り下り**』、
　『**開脚とび**』の前に『**30秒馬跳び**』。

　このように取り組む教材に関連する慣れている運動から始めます。そうすることで、心と体の準備をしながら、運動感覚を高めることができます。

　また、本書で紹介している『**おりかえしの運動**』や『**じゃんけんゲーム**』は、簡単な方法で運動量を確保しながら、体の総合的な感覚を高めることができるので、準備運動として短い時間で取り組むのもオススメです。

2章 器械運動

マット運動で大切にしたいこと

■ 「接して回る技」から「体を支えて回る技」へとつなぐ ことで生じる技能差

　マット運動というと、低・中学年で前転や開脚前転、後転や開脚後転などに取り組み、高学年になって倒立前転や側方倒立回転に取り組むことが多いのではないでしょうか。つまり、体をマットに接して回る技から、手や足で体を支えて回転する技に移行していくようなイメージです。

　また、高学年になってから、かべ逆立ちに取り組み始めるということも耳にしたことがありますし、以前は私もそのようにしていました。

　私の経験では、マットに接して回る技から体を支えて回転する技に移行していくときに、つまずきが多く見られました。また、高学年からかべ逆立ちに取り組み始めたときには、逆さになる経験が乏しく恐怖心が強かったり、自分の体を腕で支えることができなかったりして、苦労する子どもたちを見てきました。気づかないうちに技能差を生んでしまっていたのです。

■ 「逆さになる技」でつらぬくマット運動

　そこで今回は、「逆さになる技」に特化した実践を紹介しています。

　低学年から逆さを意識して学習をすることで、次の3つの感覚を少しずつ、確実に高めていくことができます。

「自分の体重を支える腕支持感覚」

「自分のお尻よりも頭が下になる逆さ感覚」

「体に力を入れる体幹の締め感覚」

　これらの感覚を高めることで、全員が無理なく取り組める技を増やすことができます。

　紹介している実践は系統を重視した内容になっています。なので、どの学年でも、まずは「よじのぼり逆立ち」から取り組み、実態を把握するのはどうでしょうか。そこから、「肘を伸ばすこと」と「目線はマット！」の2つのポイントを意識させます。そして、子ども同士のお手伝いを効果的に活用することで、みんなで同じ教材に取り組むことができます。そうすることで自然と学び合いや励まし合い、アドバイスなどが生まれやすくなります。

　技能差が生まれやすいからこそ、対話で子どもと教材、子どもと子どもをつなぎ、どの子も技を身につけたときの楽しさや喜びを味わうことのできるマット運動の学習を進めることを目指します。

■マット運動のつながり

◆手足走り ◆うさぎとび ◆あざらし ◆手押し車 ◆ブリッジ	◆よじのぼり逆立ち ◇よじのぼり 　じゃんけん ◇その場手踏み10	◆だんごむし逆立ち ◇5＋5 ◇5＋5＋10 ◆ニョキッ! 　(ひっぱり逆立ち)	◇お手伝い 　かべ逆立ち ◆かべ逆立ち ◆かべ逆立ち 　チャレンジ

◆手足走り ◆うさぎとび ◆手押し車 ◆よじのぼ 　り逆立ち ◆かべ逆立ち	◇川わたり ◆大の字回り	◆側方倒立回転 ◇ホップ側転	◇ロンダート ◇前ひねり

◆うさぎとび ◆手押し車 ◆よじのぼり 　逆立ち ◆かべ逆立ち ◆ブリッジ	◇よじのぼり 　ブリッジ	◆逆立ちブリッジ	◇お手伝いハンド 　スプリング ◇ハンドスプリング 　(前方倒立回転) ◆はねとび

「よじのぼりじゃんけん」

「お手伝いハンドスプリング」

よじのぼり逆立ち

20
min
/45min

『よじのぼり逆立ち』は、**腕支持感覚、逆さ感覚、体幹の締め**を身につけさせる運動教材です。壁に背を向け、マットに両手を着き、両足で壁をよじのぼりながら逆さの姿勢になります。マット運動の逆立ち系の技（側方倒立回転、ハンドスプリングなど）につながる運動の第一歩と言えます。低学年から繰り返し取り組み、「腕支持感覚、逆さ感覚、体幹の締め」を身につけさせましょう。また、この教材でも**"お手伝い"**を大切にしています。よじのぼり逆立ちが「できる、できない」ではなく、お手伝いがあれば「できる」という成功体験が重要です。

対話でつなぐ教材のポイント

似ている動きをつなげて取り組む

"逆立ち"というと難しいイメージを抱くかもしれません。しかし、左の写真を見てわかるように、動きや姿勢が手押し車と似ています。

手押し車を思い出させ、「**腕で自分の体を支えること**」「**お尻が下がらないようにお腹をへこませること**」を意識させます。あごを上げると体が反ってしまうことがあるので、「**手と手の間を見ること**」も合わせて意識させて、取り組みましょう。

また、「両手で10秒」→「その場で手踏み10歩（手で歩くようなイメージ）」→「足を開いてバランスを取り片手を少しだけ床から離して、片手5秒」→「片手10秒」と同じ場でありながら、難易度を上げていける教材でもあります。隣の子とじゃんけんしても良いでしょう。

「みんなで声をかけようね!」

やり方を確認する意味でも、みんなで声をかけながら取り組ませます。例えば、

T：「手を着いて！」　C：「手を着いて！！」

T：「よじよじよじよじ、よじのぼり！」
C：「よじよじよじよじ、よじのぼり！！！」

T：「せーの！」C：「1・2・3 … 9・10！」

また、応援する意味でも大きな声を出せながら、仲間の運動に注目させましょう。

「どこ見てるかな?
肘はどうする?」

逆さ姿勢を安定させるには、目線と肘がポイントになります。逆さになると、非日常の状況に焦ってしまうこともあるので、運動している最中に思い出させるように声をかけます。運動しながらポイントを思い出したり、周りの仲間がポイントを伝えたりしながら取り組むことができます。

「お手伝い、 大歓迎だよ!」

最初のうちは、体を締めることが上手くできず、足がズルズル下がることがあります。そのときのために、"お手伝い"が大切だということを伝えましょう。

逆さになっている子に「お手伝いでも10秒逆さになれたら合格だよ！」と伝えて取り組ませます。

見ている仲間には「お手伝い、大歓迎！」「ピンチだと思ったら、お節介でもいいよ！」と声をかけておくと、お互いが運動を観察し、対話しながら学習を進めることができます。

だんごむし逆立ち ・ニョキッ!

20 min /45min

だんごむし逆立ち

足を伸ばした だんごむし逆立ち

かべ逆立ち

　「よじのぼり逆立ち」は、腕支持感覚、逆さ感覚、体幹の締めを身につけさせる運動教材です。

　「だんごむし逆立ち」は、**逆さ感覚**、**体幹の締め**を身につけさせる運動教材です。姿勢としては壁を使った三点倒立（頭と両手）と言うとわかりやすいでしょうか。

　「よじのぼり逆立ち」を全員が十分に経験し、腕支持感覚や逆さ感覚、体幹の締めの感覚が少しずつ高まったところで取り扱うと無理なく取り組むことができます。

　「ニョキッ!」は、だんごむし逆立ちの姿勢から足を伸ばし、伸ばした足の膝のあたりを仲間が上に引っ張り、本人は肘を突っ張り腕支持で体を支えます。すると、かべ逆立ちの姿勢になります。このような学習過程を経ることで、逆さ感覚を無理なく高められるだけでなく、仲間と協力しながら、かべ逆立ちの姿勢の学習をすることができます。

対話でつなぐ教材のポイント

ニョキッ!

スモールステップで逆立ちの姿勢に

　足を縮めた三点倒立である『だんごむし逆立ち』は、「かべ逆立ち」と比べて、小さな力で逆さになることができます。その小さな力で逆さになり、逆さの姿勢に慣れることが大切です。まずは5秒間姿勢を維持することを目標にしましょう。

　そこから、「5＋5（足を曲げて5秒、足を伸ばして5秒）」→「5＋10」→「5＋5＋10（友達が足を引っ張り上げ、かべ逆立ちの姿勢で10秒）」と、「だんごむし逆立ち」→「足を伸ばしただんごむし逆立ち」→「お手伝いでのかべ逆立ち」の順にスモールステップで学習していくことで、無理なく逆さ感覚、体幹の締めの感覚、腕支持感覚を少しずつ高めていくことができる教材です。

3つの声かけポイント

「声に出して確認するよ！」

「よじのぼり逆立ち」と同じく、やり方を確認する意味でも、みんなで声をかけながら取り組ませます。例えば、

　　Ｔ：「頭を着いて！」　Ｃ：「頭を着いて！！」
　　Ｔ：「手を着いて！　三角オッケー？」
Ｃ：「手を着いて！（頭と手で大きな三角形ができているかを確認）」
Ｃ：「（友だちの動きを見て三角形が確認出来たら）三角オッケー！」Ｔ：「お尻を上げて！」
Ｃ：「お尻を上げて！（頭と手は動かさず、かべの方に歩いてお尻を上げる）」
　Ｔ：「せーの！」Ｃ：「（背中と腿の裏を支えて体を縮めたまま持ち上げる）１・２・３・４・５！」
　技能を高める上でも、安全に配慮する上でも、**仲間同士で動きや姿勢を声に出して確認**することが大切です。逆さになっている本人も声が聞こえれば、自分の動きを意識しやすくなります。

「どこ見てるかな？　肘はどうする？」

　「よじのぼり逆立ち」でも書きましたが、逆さ姿勢を安定させるには、目線と肘がポイントになります。

　特に「足を伸ばしただんごむし逆立ち」から「お手伝いでのかべ逆立ち」に姿勢が変わる時には、しっかり**肘を伸ばして体を支え**なければいけません。また、それに合わせて**目線も自分の手と手の間**（マット）を見ることによって安定した姿勢につながります。必要に応じて目印を置くことも効果的です。

「協力している班は、
　　　上達が早いね〜！」

　『だんごむし逆立ち→ニョキッ！』は、全体を通して、班の仲間で協力しながら学習を進める場面が多くあります。

　　　　　　　　　最初の「だんごむし逆立ち」のお手伝いや、「足を伸ばしただんごむし逆立ち」から膝を持ち上げて「かべ逆立ち」の姿勢にするお手伝い、目印を置くお手伝いなど、それぞれの役割をしっかりと考え、行動している班は大いに褒めましょう。望ましい学習の姿として他の班にも伝播させます。直接的なお手伝いだけでなく、アドバイスや数える声なども褒めて、良い雰囲気で学習を進めましょう。

かべ逆立ち

20 min /45min

　「よじのぼり逆立ち」「だんごむし逆立ち」「ニョキッ!」と、逆さ感覚、腕支持感覚、体幹の締めの感覚を少しずつ高めた上で『かべ逆立ち』に取り組みます。

　そうすることで、子どもたちにとって、学習の飛躍が少なく、無理なく安心して運動に取り組むことができます。また、感覚を高めているので、多くの子どもたちが、『かべ逆立ち』ができるようになり、達成感を味わうことができます。

　「ニョキッ!」で、仲間に協力してもらい『かべ逆立ち』の姿勢になったことを想起させ、お手伝いでできたら合格として、仲間同士のお手伝いに価値づけをしましょう。

　『かべ逆立ち』は**比較的体の軽く柔らかい低中学年で取り組む**ことをお勧めします。早い段階で取り組むことで、その後に取り組む教材の幅も広がります。

対話でつなぐ教材のポイント

肘を伸ばして、 目線はマット!

　『かべ逆立ち』では腕支持で体を支える必要があります。1つ目のポイントは、**肘を伸ばす**ことです。足を支えるお手伝いはできますが、腕はできません。しっかり意識させましょう。

　2つ目のポイントは**目線**です。**あごを引くと、くらみが強くなり、姿勢をキープしづらく**なります。「どこを見たら楽か?」を考えさせて、目線を意識させましょう。子どもたちの必要に応じて目印を置くのも効果的です。

「お手伝いから挑戦しよう!」

まずは、全員がお手伝いのある状態で挑戦をさせましょう。
中にはお手伝いがなくてもできる子がいるかもしれません。
しかし、安全面を考慮することと、全員が"かべ逆立ちができた!"という経験をさせることで全体のモチベーションの向上につなげます。1度成功したら①2人お手伝い　②1人お手伝い　③お手伝いなしと、自分の感覚を振り返りながら、自分なりの課題に取り組ませましょう。

「仲間が目線を確認!」

『かべ逆立ち』をしているときには、「**あごを開いて、マット（手と手の間）を見る**」と楽だと感じる子どもが多いようです。しかし、わかっていても、逆さ姿勢になると混乱することがあります。

なので、仲間が声をかけたり、直接見る場所を指さしたりして、目線を意識させるようにしましょう。こうすることで、仲間の運動を観察することにもつながります

お手伝いのポイント

初めは逆立ちになる子が手を着いたら、足を上げる前に足をつかんでおきましょう。そうすることで、足を落としてしまう心配がなく、お互いに安心して取り組むことができます。慣れてきたらお手伝いの人数を減らしたり、足を振り上げてから真横から捕まえたりして、一人でかべ逆立ちができるように学習を進めましょう。あくまでも、お手伝いの有無やしかたについては、逆立ちをする子が決めましょう。

かべ逆立ちチャレンジ

20
min
/45min

　「よじのぼり逆立ち」「だんごむし逆立ち」「ニョキッ!」「かべ逆立ち」とスモールステップで学習を進めていくことで、**逆さ感覚**、**腕支持感覚**、**体を締める感覚**を高めていくことができます。低学年、中学年のうちに安定した"かべ逆立ち"ができるようになれば、その後の取り組みに広がりが生まれます。もちろん、高学年でもスモールステップで学習を進めれば効果が期待できます。

　ここで紹介するのは、かべ逆立ちの発展教材です。『片手かべ逆立ち』や『頭だけかべ逆立ち』などに、子どもたちの挑戦心と安全面の両方を考えて取り組ませてみましょう。

対話でつなぐ教材のポイント

基本を大切に!

　かべ逆立ちの基本である「**肘をしっかり伸ばす**」「**目線はマット(手と手の間)を見る**」の2つのポイントを意識させましょう。それを意識させ続けることで、安全に配慮しながら挑戦させることができます。

　その上で、それぞれが挑戦する技を選び、お互いに見て、かかわり合いながら学習を進めましょう。

「いつでも手を着けるように!」

　『片手かべ逆立ち』に取り組むときには、手の着き方も大切ですが、安全に取り組むためには手の離し方も大切になります。

　もしバランスを崩してもすぐに体を支えられるように、いつでも手が着けるようにしておきましょう。繰り返していく中で、自信がつけばマットと手の距離が離れても大丈夫ですが、基本は"いつでも手が着けるように"です。

「バランスを考えてごらん!」

　『片手かべ逆立ち』のときには、片手で体を支えるので、足と手のバランスが大切になります。かべ逆立ちの姿勢から、足を広げ、少し体を傾けて、手と足首が二等辺三角形のような位置関係にあると安定して、姿勢を保つことができます。

教師も一緒に挑戦!?

　ケガの心配がなければ、教師が子どもたちの前で挑戦してみるのも良いでしょう。難しい教材なので失敗もありますが、「先生でも失敗があるんだ」と安心したり、「先生より上手に」と意欲が増したりする効果が考えられます。

側方倒立回転
（大の字回り）

20
min
/45min

　「側方倒立回転（大の字回り）」（通称：側転）は、「かべ逆立ち」での逆さ感覚、腕支持感覚、体を締める感覚を生かして、腕で自分の体を支えて逆立ちの姿勢で横に回転する運動です。

　ここでは、便宜上「運動を始めるときに体が進行方向に正対しているものを『**側方倒立回転**』、「運動を始めるときに体が進行方向に対して横を向いているものを『**大の字回り**』と言っています。

　しかし、大事にしているのは「**逆立ちの姿勢を経過して、転ばずに着地すること**」です。ですので、最初は側方倒立回転でも、大の字回りでも、自分の体を支えて安全に着地することを全員の目標にします。多少、足が上がらなかったり、膝が曲がったりしても、転んだり、お尻を着いたりしなければ良いこととします。そうすることで、"できない"という意識をもつことなく前向きに学習を進めることができます。

対話でつなぐ教材のポイント

マットを見ながら回転！

　逆さ姿勢が途中にあるので、かべ逆立ちの発展的な教材と捉えます。なので、「**肘をしっかり伸ばす**」「**目線はマット（手と手の間）を見る**」の２つのポイントは共通しています。そこに横への回転が入りますが、マットから目線を外さないこと意識させることで安定した姿勢で取り組むことができます。

「足で着地ができたら
オッケー！」

　最初から、腰や膝が伸びたダイナミックな側方倒立回転を目指そうとすると、意欲が下がってしまう子もいます。

　最初は、転ばずに着地することを目指しましょう。学習が進む中で、子どもたちの考える"カッコイイ"側転を目指します。

「どんな側転がカッコイイ？」

　転ばずに着地ができるようになったころに、どんな側転がカッコイイと思うのかを尋ねてみます。

　すると、腕や目線などの既習事項である逆さ姿勢に関することはもちろん、「膝を伸ばして大きな"大"の字になったほうがいい」や「フラフラしないで真っ直ぐ回ったほうがいい」など、子どもたちは自分たちなりのカッコよさをもっています。それを生かすことで自分事として課題を捉えて、学習を進めることができます。

「前へ、　ならえ！で
見てみよう！」

　真っ直ぐ回る側転に挑戦する際に、共通の基準があると、かかわりも効果的になります。左の写真のようにマットの幅を"前へ、ならえ"のような姿勢で示すと、お互いに視覚的に判断することができ、目標が明確になります。

右の写真のように見えれば、真っ直ぐ回ることができていると判断できます。

逆立ちブリッジ

20 min
/45min

『逆立ちブリッジ』は、「かべ逆立ち」と「ハンドスプリング（前方倒立回転）」をつなぐ教材です。

逆立ちをする子は、お手伝いの土台になる子の側面に向かって正対します。そこから、逆立ちをします。お手伝いの土台の子は、お互いの体に隙間ができないように、着手の瞬間に体を寄せます。そのまま前方に足を振り上げ、背中の方向に倒れ、着地します。ブリッジの姿勢になったら、お手伝いの子は体を小さくして、ブリッジの下から抜けます。そこから、1人で10秒程度ブリッジの姿勢を保つことを目指しましょう。

逆立ち姿勢で前方に倒れることと目線を意識して安定したブリッジ姿勢が保つことが、お手伝いでのハンドスプリングにつながります。

対話でつなぐ教材のポイント

ずっとマットを見る！

マット（手と手の間）から目を離すと背中が丸まり、逆立ちの姿勢を維持できず、思わぬケガにつながることがあります。逆立ちの姿勢からブリッジの姿勢まで、**ずっとマット（手と手の間）を見続けること**を、仲間とかかわりながら意識して学習を進めましょう。

「どんどんお手伝いをしてあげよう!」

　立った状態から逆立ちをするときに、着手の位置を定めるのが難しく感じる子どもが多くいます。自信がないまま取り組むと、着手の位置がお手伝いの土台から遠すぎたり近すぎたりして、安全に取り組めない場合があります。まずは、着手した状態から始め、「目線を意識すること」「逆立ちの姿勢からブリッジの姿勢になること」に集中できるように、どんどんお手伝いを活用しましょう。

「寄せろ!」

　子どもが土台になってお手伝いをする上で、必ず教師と子どもが共通して意識しなければならないのは、安全面に関することです。

　逆立ちをする子には、①土台の近くに着手すること　②背中を丸めないように背筋を伸ばすことを意識させましょう。お手伝いをする子には、①肘を伸ばして体に力を入れて頑丈な土台を作ること　②着手の瞬間、必ず体を寄せることを意識させましょう。仲間は「寄せろ!」の声を毎回かけて安全に学習を進めましょう。

　ブリッジ姿勢の前に手が離れて、着地して立ち上がることがあります。これは、この後に学習するお手伝いハンドスプリングです。

　"つながり"があることがわかります。

「重ねたマットで安心！」

はねとび

20 min /45min

『はねとび』は、重ねたマットの上での三点倒立の姿勢から、ブリッジの姿勢を経過して、着地する運動です。マット運動と跳び箱運動の中間のような教材です。

大切にしたいのは、①**安定した三点倒立**（マットの上で一瞬溜めをつくる）　②**ブリッジの姿勢からの着地**（お尻や肘、膝がマットに着かない）ことの２つです。三点倒立から足を素早く下ろして、"はね動作"を入れてから着地させることでダイナミックな運動になります。

お手伝いありで安全に着地することを目標にします。グループごとに仲間の状態を伝え合いながら、学習を進めましょう。その中で、自分の感覚に合わせて、お手伝いを減らして一人で挑戦しても良いでしょう。

対話でつなぐ教材のポイント

お手伝いでしっかり支える！

全員の目標を、**お手伝いがある状態で安全に着地する**（お尻や肘、膝がマットに着かない）こととします。

なので、最初にお手伝いの方法を全員で共通理解し、全員がしっかり支えることを意識しながら学習を進めます。安心感がある状態であれば、難しい技でも挑戦することができます。

「安定してるかな?」

　まずは、自信をもってマットの上での三点倒立ができるように声をかけましょう。重ねたマットの上で行うので、腰を少し高く上げる必要があります。また、足の位置でバランスをとる必要があります。

　グループごとに、お手伝いをしたり、声をかけたりしながら、動きをお互いに確認しましょう。

「肩甲骨と背中を支えて、 せーの!」

　安全にお手伝いをするには、 2人で肩甲骨と背中を運動が始まる前から支えましょう。途中からお手伝いをするのはタイミングが取りづらく、支え切れない場合があります。

　最初から支えていれば、お互いに安心して取り組むことができます。

「あごを開く!」

　三点倒立の姿勢から、ブリッジの姿勢→着地と運動を変化させる際に、意識させたいのが、あごの動きです。

　あごを引いてしまうと、体全体が丸くなり、背中からマットに落ちてしまうことがあります。そこで、マットを突き放す際に、あごを開くことを意識させて、背筋が伸びた状態でブリッジの姿勢→着地と運動を変化させましょう。

鉄棒で大切にしたいこと

■感覚づくり 「できた!」 を積み重ねる

　鉄棒運動は、１本の棒を軸にして、回ったり、ぶら下がったり、飛んだりと非日常の体験ができる楽しい教材です。一方で、「怖い・痛い・苦しい」というマイナスの経験やイメージがあり、苦手意識をもっている子どもたちがいることも事実です。

　そこで、いかにしてマイナスの要素を取り除き、楽しく達成感や有能感をもって鉄棒の学習を進めることができるのかが重要になります。

　まずは、全員のスタートラインを揃えるような、基礎的な感覚づくりを大切にします。鉄棒運動で大切になる感覚は、さまざまありますが、特に以下の３つの感覚をしっかりと育てることを目指します。

「頭が下になる逆さ感覚」
「鉄棒を軸にして回る回転感覚」
「腕やお腹、背中に力を入れて体を締める感覚」

　『ふとんほし・前回り』や『だんごむし・お手伝い逆上がり』で紹介している教材が、上に示した"基礎的な感覚"をつくり、高めることに効果的です。このような感覚づくりは比較的体が軽く、恐怖心も小さい低学年のうちから継続的に取り組ませるのが理想です。しかし、経験値が少なく感覚が育っていない場合や子どもたちの実態を把握する場合に取り組むのもよいでしょう。できることを着実に積み重ねることを意識します。

■お手伝いで 「できた!」 を積み重ねる

　また、友だち同士のお手伝いも大切にします。鉄棒運動は、鉄棒を軸にして運動するので予想外の動きが少なく低学年から友だち同士でお手伝いがしやすいという特徴があります。なので、自分一人では回ったり、上がったりできない場合でも、お手伝いを活用し、成功体験を積み重ねることができるのです。その成功体験が、技の感覚を体感させ、子どもたちに自信をもたせ、「できた！」につながっていくのです。

　スタートラインをできるだけ揃え、みんなで共通の課題に取り組むようにします。すると、学び合いが生まれ、教え合いが生まれ、お互いがお手伝いをし合います。友だちの「できた！」を共有しながら、達成感のある学習を目指します。

■鉄棒のつながり

◇つばめ
◆ふとんほし
◆前回り下り
◆だんごむし
◆お手伝い逆上がり
◇ロケット
◇こうもり

◆だるま回り
　（かかえ込み前回り）
◆だるま後ろ回り
　（かかえ込み後ろ回り）
◆アレンジだるま回り
◆後方膝掛け回転

◇こうもり振り下り
◆空中逆上がり
　（後方支持回転）
◇空中前回り

◆グライダー
　（飛行機とび）
◇シンクロだるま

「つばめ」

「ロケット」

「こうもり」

「こうもり振り下り」

ふとんほし・前回り下り

20
min
/45min

ふとんほしジャンケン

前回り下り

　まずは、『ふとんほし』と『前回り下り』の２つの教材を紹介します。ここでは、鉄棒運動に必要な**逆さ感覚や回転感覚などの基礎感覚**を身につけることができます。

　逆さの姿勢になることに抵抗を感じ、体を前に倒すことも怖がる子どももいます。鉄棒運動の入門期の教材では、教師が補助しながら、逆さや回転に慣れさせていきましょう。

　少しずつ慣れてきたら、『ふとんほしジャンケン』や『連続前回り下り』など、ゲーム性のある教材に発展させ、夢中になりながら感覚を高めることができます。

対話でつなぐ教材のポイント

おへその下（腰骨・足の付け根）に鉄棒が当たっていれば大丈夫

　鉄棒運動では、「怖い・痛い・苦しい」という経験やイメージが学習の妨げになっていることが多くあります。それを早い段階で取り除き、前向きに取り組めるようにすることが大切です。

　この２つの教材では、「鉄棒がお腹に食い込んで痛くて苦しい」を解消するために、鉄棒が接している位置を意識させます。

　その上で、逆さになったり、回転したりすれば、少しずつ怖さも和らぎます。**おへその下（足の付け根）を鉄棒にくっつける**ことを意識させましょう。

「膝を曲げれば落ちないよ!」

　腕支持から上体をゆっくり前に倒して、腰骨（へその下）でぶら下がります。手を離して、ふとんほしの姿勢になる前に、体が落ちないように声をかけます。膝を曲げることで、鉄棒が腰骨の位置で固定され落ちにくくなります。また、そのときにつま先が上を向いていないかも確認しましょう。

　まずは、鉄棒を握って、慣れてきたら、片手、両手と離してぶら下がりましょう。

「手を離さなかったら落ちないよ!」

　当たり前のことですが、逆さや回転は日常の動きとは異なり、子どもたちは不安になります。不意に鉄棒を離して落ちてしまえば、取り組むことが怖くなります。まずは、手を離さず落ちずに回転できるように声をかけます。

　また、肘と足が伸びてバタバタと下りてしまうよりは、ゆっくりと回ったほうが感覚は高まります。そのときに必要に応じて、腿と背中を支える補助して、ゆっくりと回転させます。怖くて回れない子どもにも同様に教師が補助しましょう。

『ふとんほしジャンケン』

　ふとんほしの状態でジャンケンをします。

　最初は、鉄棒を握ってジャンケンをしても良いことにします。慣れてきたら、片手、両手と難しくしていきます。両手なら２人連続勝ち抜きで１点、片手なら３人連続で１点と挑戦したくなるようなルールにしても良いでしょう

『連続前回り』

　３回連続（回数は任意）で回ったら、同じグループの仲間と交代。リレー形式で取り組みます。

だんごむし・
お手伝い逆上がり

だんごむし

　次いで、『だんごむし』と『お手伝い逆上がり』の２つの教材を紹介します。ここでは、鉄棒運動に必要な**体を締める感覚**（腕やお腹、背中への力の入れ方）や**逆さ感覚、回転感覚などの基礎感覚**を身につけることができます。

　初めのうちは、力の入れ方がわからなかったり、一人で"逆上がり"が出来なかったりすることは当たり前なので、教師の"補助"や友だちの"お手伝い"を大切にします。また、鉄棒を軸に運動するので、動きが予測しやすく、比較的"お手伝い"を取り入れやすい教材と言えます。

対話でつなぐ教材のポイント

だんごむし

お手伝いありで同じ運動経験を

　『だんごむし』や『逆上がり』は、経験値が少なく、基礎的な感覚が育ってない場合、一人ではなかなか上手くできません。しかし、教師の"補助"や友だちの"お手伝い"をしてもらうことで、**一人で取り組む時と同じ運動経験を**することができます。

　『だんごむし』では、肘を曲げて体を引き上げた姿勢になるように、腰と足を挟むようにして支えて持ち上げます。正しい姿勢がわかれば、少しずつ力の入れ方がわかってきます。

　『お手伝い逆上がり』では、回る子の鉄棒を挟んだ反対側にお手伝いをする子が立ちます。腿と腰を持ち上げて回転を手伝います。最初は２人で行い、回転がスムーズになってきたら１人で行い、一人で回ることに近づけます。

「鉄棒をグーッと引っ張ってごらん!」

まずは肩幅の広さで鉄棒を握ります。この時、逆手のほうが腕を曲げやすく、力が入りやすくなります。顎を鉄棒よりも上に出しますが、顎でぶら下がらないように声をかけましょう。

ぶら下がる時には、肘が鉄棒の真下になっているか確認し、鉄棒を下に引っ張るようなイメージで力を入れさせます。"グーッ"と長い時間、力を入れ続けられるように声をかけます。

「応援する気持ちで元気に数えるよ!」

最初のうちは、だんごむしの姿勢でぶら下がることは簡単ではありません。その時に、大きな声で数えてもらえると、目標が明確になり、頑張りやすくなります。最初は5秒、最終的には全員が10秒ぶら下がることを目標にします。

　T：「鉄棒、握って肘は下!　見ている子たちは応援する気持ちで数えるよ!　せーの!」

　C：「1・2・3……9・10!」

「最初から支えてあげよう!」

『お手伝い逆上がり』では、動き出す前から体を支えます。

回り始めてからお手伝いをしようとすると、タイミングを逃してお手伝いが間に合わなかったり、動きが止まった状態から持ち上げるだけになったりすることがあります。

最初から体を支えていれば、お手伝いの失敗が少なくなり、全員に逆上がりの動きを経験させることができます。

学習の場が変われば

屋内に移動式の鉄棒がある場合には、壁を利用した「トントン逆上がり」にも取り組むと良いでしょう。最初は、壁を蹴る回数が多くても構いません。壁を蹴る回数が少なくなれば、それだけ自分の力で逆上がりができる感覚が高まっていると言えます。

だるま回り
（抱え込み回り）

20 min /45min

本校で実践している鉄棒運動の中核教材とも言えるのが『だるま回り』です。

これは鉄棒運動に必要な**体を締める感覚**（腕やお腹、背中への力の入れ方）や、**回転感覚**を高めることができる教材です。

難しいように見えますが、①**脇を締めること**　②**鉄棒に肘をしっかりつけること**　③**腿をしっかり抱えること**　の３つのポイントをしっかり押さえて取り組めば、安全に取り組むことができます。また、お手伝い逆上がりと同様に、教師の"補助"や友だちの"お手伝い"を大切にします。お手伝いでの成功体験を重ねることで、少しずつ体の感覚が高まったり、自分の動きを理解したりして、一人で回れるようになっていきます。

対話でつなぐ教材のポイント

だるま回り につながる運動を大切に

だるま回りに取り組む前に、以下の３つの教材に取り組んでおけばスムーズに学習が進みます。

①**前回り下り**（連続前回り下り）

鉄棒に跳び上がり前方に体を倒します。この時に、順手で握り、鉄棒を持ちかえずに回転させます。

②**ふとんほし**

おへその下（足の付け根）を鉄棒にかけてぶら下がります。慣れてきたら手を離しましょう。

③**ふとんほしブランコ**

ふとんほしの姿勢で、ブランコをこぐように、膝を曲げ伸ばしして体を振動させます。

「脇! 肘! 腿! オッケー!?」

『だるま回り』は最初の姿勢が、安全面でも回転するうえでも大切になります。①脇を締めること ②鉄棒に肘をしっかりつけること ③腿をしっかり抱えることが、頭でわかっていても逆さの姿勢になるとできていないことがあります。

必ず同じグループの友達が1つひとつチェックしましょう。できていない場合は、アドバイスするだけでなく、直接体を触って直してあげましょう。

回転できない時も、この3つのどれかができていないことが多くみられます。

「曲げる〜〜! 伸ばす!」

回転の勢いをつけるには、ブランコをこぐ時のように、膝を曲げ伸ばしして、大きく体を振動させることが重要です。

かかとがお尻に着くぐらいしっかりと膝を曲げること、その後、膝がピンッとなるぐらい伸ばすことを意識させます。曲げ伸ばしが苦手な子には、教師が足を持って、足の曲げている状態と伸ばしている状態を教えてあげましょう。

そして、グループの子が動きを見ながら「曲げる〜〜〜! 伸ばすっ!」と声をかけます。友達に声をかけていると、タイミングがつかめるので、自分が回転する時にも役立ちます。

「お手伝いで回れたら、 オッケー!」

大きく体が振動してきたら、友達が回転をお手伝いします。

お手伝いをする子は回転する子の側に立ちます。お手伝い逆上がり同様、鉄棒の下から手を伸ばして背中に手を当てて、お手伝いの準備をします。「曲げる〜!」のタイミングで背中を持ち上げ回転させます。

最初は2人のお手伝いで、慣れて軽く感じるようになってきたら1人のお手伝いで回転させます。まずは、お手伝いで1回でも回ることを目標にしましょう。それができたら、膝の曲げ伸ばしを続けることを意識しながら、連続回転に取り組みましょう。

だるま後ろ回り
(抱え込み後ろ回り)

20 min /45min

前のページで紹介した『だるま回り』の後ろ回りバージョンです。

「だるま回り」と同じように、体を締める感覚（腕やお腹、背中への力の入れ方）や回転感覚を高めることができる教材です。

回る向きは反対ですが、①**脇を締めること**　②**鉄棒に肘をしっかりつけること**　③**腿をしっかり抱えること**の３つのポイントは変わりません。安全にも関わるのでお互いに確認し合い、常に意識して取り組ませましょう。

『だるま後ろ回り』特有の動きとしては、◎**体を後方にタイミングよく倒すこと**　◎**伸ばした足を曲げて後方に蹴りだすこと（鉄棒に引っかける）**の２つの動きがあります。友達のお手伝いや声かけで成功体験を重ねましょう。

対話でつなぐ教材のポイント

動きのタイミングをつかむ!

『だるま後ろ回り』は、体を後方に倒すタイミングと足を鉄棒に引っかけるタイミングをつかむことが大切です。

友達に声をかけてもらいながらタイミングをつかむのはもちろん、友達の動きを観察し、いつ体が後ろに倒れているのか、いつ膝を曲げて鉄棒に引っかけるのかを考えることが大切です。

「脇! 肘! 腿! オッケー!?」

①脇を締めること ②鉄棒に肘をしっかりつけること ③腿をしっかり抱えることは、『だるま後ろ回り』でも大切なポイントになります。

だるま回りで慣れていたとしても、回転が反対になると、3つのポイントが疎かになりがちです。

友達が応援をしたり、アドバイスをしたりするときも、自然と3つのポイントを常に意識できるように声をかけましょう。

「あごを開いて後ろに倒すよ~!」

『だるま後ろ回り』では、体を後方に倒すことが必要です。

自分の視界に入らない方向に倒れることに対して不安に感じる子は少なくありません。そこで、手を離さなければ落ちないことを伝えます。

その上で、頭の位置に注目させて後方に倒れこむことを確認します。この時に、あごを引いてしまうと後ろに倒れにくくなってしまうので、あごを開いて、頭の重さで後方に倒れこみやすくしましょう。

「お手伝いの立ち位置確認!
まずは、 お手伝いで回ろう!」

全体で正しいお手伝いのやり方を確認します。

だるま回りと異なり、お手伝いをする子は、回転する子と鉄棒を挟んで反対側に立ちます。そして、写真のように鉄棒の下から手を伸ばして、腿や背中を支えます。

まずは、お手伝いで1回でも回ることを目標にします。それができたら、膝の曲げ伸ばしを続けることを意識しながら、連続回転に取り組みましょう。

アレンジだるま回り

20 min /45min

　「だるま回り」「だるま後ろ回り」を通して、教材そのものの楽しさに触れながら、鉄棒運動に大切な体を締める感覚（腕やお腹、背中への力の入れ方）や回転感覚を高めます。その発展教材として『アレンジだるま回り』を紹介します。この教材でも基本的なポイントは①**脇を締めること**　②**鉄棒に肘をしっかりつけること**　③**腿をしっかり抱える（つかむ）こと**の３つです。

　アレンジの方法としては、両手でどちらか片方の腿の裏を抱えて回転する『**片足だるま**』。腕をクロスさせて、腿の裏をつかんで回転する『**クロスだるま**』。足の振りでスピードをコントロールし、前回りから後ろ回り、後ろ回りから前回りとつなげて回転する『**スイッチだるま**』があります。そして、それらを組み合わせた「連続技」があります。

　友達同士でアイデアを出し合い、楽しみながら取り組むことを大切にしましょう。

対話でつなぐ教材のポイント

友達同士のかかわりで世界を広げる！

　「だるま回り」で"遊ぶ"感覚で学習を進めます。

　友達が取り組んでいる（遊んでいる）姿を見ながら、真似をしたり、どのようにやっているのかを聞いたりして、楽しさを広げていきます。

　安全に関することを確認し、そこから子どもたちに自由度を与えることで、主体的に教材にかかわることができます。子どもたち同士も教材を介して自然とかかわり合う学習を目指します。

「どんなことができるかな？
　　　　どんどん聞いてごらーん！」

『だるまアレンジ』は、『だるま回り』や「だるま後ろ回り」で"遊ぶ"感覚が学習につながっていきます。

　子どもたちが「こんなことできるかな？」という挑戦を大切にしていきます。しかし、自分から動き出せないこともあります。なので、教師がヒントを与えたり、友達の動きを観察するように声をかけたり、真似をすることや聞いたりしやすいように声をかけます。

　教え合っている姿を見つけて、全体に紹介するのも大切です。

「いつ持ち替えているかな？」

　それぞれの技を組み合わせた「連続技」に挑戦します。

「だるま回り→片足だるま」「片足だるま→クロスだるま」など技を切り替えるときには、手を離して足の抱え方を変更する必要があります。

　この時に安全面に配慮して押さえておきたいのが、「手をいつ持ち替えるのか」ということです。落ちてケガをしてしまうことを防ぐために、**体が鉄棒に引っかかっているとき**、つまり「**頭が下にあるとき**」ということを確認しましょう。

「どんな組み合わせに挑戦？」

　「連続技」に挑戦するときには、どんな順番で回るのかを考え、それを友達に伝えてから取り組みましょう。「前3回、前の右足2回、前のクロス2回」のように、あらかじめ計画していると落ち着いて挑戦できます。また、友達に見てもらうことで、目標がハッキリして丁寧に取り組むようになります。

　最初は2種類、成功したら3種類と少しずつ増やしましょう。

　ただし、「前からクロス、クロスから後ろ」など、両手を離して技を切り替える組み合わせには、十分気を付けて取り組ませましょう。

後方膝かけ回転

20 min
/45min

『後方膝かけ回転』は、膝を支点に後方へ回転する教材です。

だるま後ろ回りでの**後方への回転感覚**に加えて、**膝を回転軸にする**ことと、**手首を返して起き上がる**ことが大切になります。

少し難しいようにも見えますが、はじめは足が地面に着く高さでお手伝いをしてもらいながらであれば回転することができます。また、膝を鉄棒に引っかけているので、手を急に離さなければ落下する危険性は低いですし、回転の軸が離れていないのでお手伝いもやりやすい教材と言えます。

右膝、左膝、それぞれで回ることができれば、両膝をかけた「後方両膝かけ回転」にも同じ学習の場で発展させることができます。

対話でつなぐ教材のポイント

お手伝いで成功体験を!

まずは、足が地面に着いた状態での、お手伝いをしてもらいながら回転し、ポイントを意識しながら、成功体験を重ねましょう。

お手伝いをする子は、回転する子と鉄棒を挟んで反対側に立ちます。そして、写真のように鉄棒の下から手を伸ばして、肩と伸ばしている方の足の腿の裏を支えます。2人でお手伝いするとより安定します。

回転する前から支え、後方に体を倒す勢いを生かしながら体を持ち上げます。回転した後はスタートと同じ姿勢になれると良いでしょう。

「頭は遠くに倒すよ!」

　まずは、後方に勢いよく倒れこむことが大切です。背筋を伸ばした姿勢から一気に後方へ体を倒します。この時に背中が曲がってしまうと回転する勢いが保てません。頭を遠くに倒すこと（空を見ること）をイメージさせることで、背筋が伸びたまま、勢いよく回転することができます。

「膝の裏で回転!
　　　反対の足はくっつける!」

　膝の裏が鉄棒に引っかかる前に回ろうとすると、回転の軸がぶれてしまい、上手に回転することができません。
　また、反対の足（振り足）が鉄棒から離れてしまうと、回転する勢いが分散され、膝が引っかかったままのぶら下がった状態になります。回転が止まらないように、反対の足は鉄棒に近づけることを意識させましょう。

「手首を返して、 鉄棒を押して、 最初の姿勢!」

　最後に体を起こすには、手首の返しと肘を伸ばして鉄棒を押すことが大切になります。
　鉄棒は強く握りすぎず手首が返せるようにしましょう（バイクのハンドルを握るイメージ）。
　そして、最後はグッと鉄棒を押して、体を起こします。すると、スタートの姿勢にもどることができ、連続回転へとつながります。

空中逆上がり
（後方支持回転）

20
min
/45min

　腕を支持して、足が空中に浮いた状態で逆上がりのような運動を行うので、『空中逆上がり』と呼んでいますが、学習指導要領解説には「後方支持回転」と示されています。逆上がりの発展として考えるよりも、お手伝いで全員が取り組む技として考えて良いでしょう。実際に子どもたちの中には、「逆上がりはできないけれど、空中逆上がりならできる」という子もいます。

　腕支持の姿勢から足を揃えて前後に振ります。足を前に振り出すと同時に、体を後方に倒します。鉄棒から**おへそを離さない**ようにしながら**腰（足の付け根）を鉄棒に引っかけ**ます。手首を返して、鉄棒を押して、体を起こします。

対話でつなぐ教材のポイント

「いーち、 にー、 の、 さんっ!」 の
リズムを大切に!

　「後方膝かけ回転」同様に、お手伝いでの成功体験を重ねましょう。その際に、写真のように動き出す前からお手伝いで支えます。回転するときだけ支えようとすると、タイミングが合わずにお手伝いがうまくいきません。

　「いーち、にー、の」で足を前後に振り、「さんっ！」で腿を持ち上げて、腰を鉄棒に引っかけて回転させます。

「後ろに、ポーンッ!」

　『空中逆上がり』に取り組む前に、つばめの姿勢から、足を前後に振り、鉄棒を押して、「後ろにポーンッ！」と飛んで着地してみましょう。「いーち、にー、の、さんっ！」のリズムに慣れることや、腕支持感覚や足を前後に大きく振る感覚を高めることにつながります。

「おへそを離さず、腰を引っかける!」

　足を前後に大きく振ることができても、回転するときに鉄棒と体が離れてしまっては回ることができません。そこで、おへそを離さないようにすることを意識させます。

　ただし、回転するときの軸がおへそになると鉄棒がお腹に食い込み、痛さで回転できなくなります。回転は、腰を引っかけて、へそのやや下（足の付け根）を軸にして回転するように声をかけましょう。

「曲げても、伸ばしてもOK!」

　腰を引っかけて回転するときの足は、曲げても伸ばしてもどちらでも大丈夫です。

　曲げているほうが体を鉄棒に引っかけやすいという子もいますし、伸ばしているほうが勢いを保てるという子もいます。両方とも認めた上で、両方ともできるように声をかければ、意欲を継続して取り組むことができます。

グライダー
（飛行機とび）

　『グライダー』は、両手で鉄棒を握り、両足の裏を支点にして体を支え、鉄棒の下から体を反らせながら前方に飛び出す教材です。

　難易度が高い技ですが、段階的に指導をしたり、お手伝いを活用したりしながら、全員で取り組むことができます。全員の課題としては、両手と両足の裏を支点して、鉄棒よりも前方に着地できることを目標にすることで子どもたちは安心して学習を進めることができます。

対話でつなぐ教材のポイント

自分の目標に向かって挑戦!

　『グライダー』を大きなくくりで捉えて、それぞれの目標を設定し取り組むように声をかけることで、モチベーションを維持しながら単元を進めることができます。

　運動のポイントは同じなので、お手伝いありでの挑戦も、一人での挑戦も認め、お互いにかかわりながら学習を進めることができるようにしましょう。

「最後まで足の裏で押す!」

　前方に体を振り出させるためには、しっかりと足の裏を支点にする必要があります。足の裏で鉄棒をしっかり押すには、足の裏の真ん中の"土踏まず"で鉄棒を捉えることが大切です。"土踏まず"で鉄棒を捉えることで力が入り、体を前方まで支えることができます。

「肘と膝を伸ばす!」

　なるべく肘と膝を伸ばして、体を突っ張らせることも大切です。こうすることで体が安定し、途中で体が落下せずに、前方まで体を振り出すことができます。周りの友達が「伸ばして!」とタイミングよく声をかけると意識して運動することができます。

お手伝いのポイント＆楽しく発展

お手伝いは後ろから腰のあたりを支えて、前に振り出すまでしっかりと支えます。
発展としては、着地の際にひねりを加えたり、足を閉じた状態で振り出したりがあります。

跳び箱で大切にしたいこと

■跳び箱を使わない!?　跳び箱運動

　跳び箱運動の実践を紹介していますが、実際に跳び箱を使った実践は１つしか掲載していません。また、体育授業で「跳び箱」を使い始めるのは、３年生からです。１、２年生の時には「跳び箱」を使いません。

　それは、どうしてなのか。それは、跳び箱運動が空を飛んでいるような非日常の体験ができる一方、他の運動領域に比べてケガの発生が多く、恐怖心が芽生えやすいという特徴があるからです。つまり、跳び箱が跳べるようになったり、跳び箱の上で回れるようになったりすることを目指すのはもちろん、恐怖心がなく安全に取り組むことも非常に重要だからです。

　そこで、跳び箱を使う前に、跳び箱運動に必要な感覚や動きを跳び箱を使わずに身につけることが大切だと考えます。
　「馬とび→開脚とび」（両足で踏み切る、両手で体を支える、安全に着地する）
　「うさぎとび→かかえ込みとび」（両足で踏み切る、両手で体を支える、手よりも前に着地）
　「高さ転がり→台上前転」（両手で体を支える、腰やお尻を高く、おへそを見る）

　このように跳び箱を使う前に、跳び箱を使わずにこのような感覚や動きを身につけることで、恐怖心が少なく、安全に跳び箱を使った運動に移行することができます。
　また、低学年では跳び箱の準備や片付けだけでも、安全面の心配もありますし、時間がかかってしまい、実際に運動する時間が少なくなることも懸念されます。

■跳び箱を使う段階で意識させることは

　そして、跳び箱の高さに注目させるのではなく、技の美しさ、安定感、安全な着地などを子どもたちの目標として、共通理解しましょう。それだけでも、安全に学習を進めることにつながります。

　ちなみに、おもいっきり踏み切りをさせるため、系統的にスムーズに学習を進めるため、踏み切り板などはあえて使いません。

■器械運動（跳び箱）のつながり

◆手足走り
◆うさぎ跳び
◆かえる跳び
◆はじめて馬跳び
◆前ころがり
　（前回り・前転）

◇30秒馬跳び
◆〇点馬跳び
◇マットでうさぎとび
◆高さ転がり

◇開脚跳び
◆かかえ込み跳び
◇台上前転
◆はねとび

「マットでうさぎとび」

「開脚跳び（縦）」

「開脚跳び（横）」

「台上前転」

75

はじめて馬とび

20
min
/45min

　『はじめて馬とび』は、跳び箱運動の開脚とびにつながる運動教材であり、馬とびの入門編と言える運動教材です。

　学年が上がり、跳び箱運動に取り組み、開脚とびに挑戦する際に、いきなり跳び箱に挑戦させてしまうと、跳び箱の硬さや大きさに怖さを感じてしまい、跳び箱運動に苦手意識をもってしまうことがあります。その恐怖心をなくすため、また、**開脚とびの運動感覚を高めるためにも"馬とび"は非常に有効**であり、低学年から段階的に取り組んでいくことが大切です。

　経験値が少ない場合には、中学年や高学年でも取り組む意味はあります。

対話でつなぐ教材のポイント

グラグラしない馬を作れるかな？

　馬とびなので跳ぶことも大切ですが、まずは安定した安全な馬を作ります。

　全体で作り方を確認し、その後、1列ずつ作り教師が確認します。最初は時間が少しかかりますが、初めに馬の作り方をしっかり確認することで安全を確保しながら取り組むことができます。「**手と膝を床に着くこと**」「**肘をしっかり伸ばすこと**」「**おへそを見ること（頭を入れる）**」を確認しながらグラグラしない馬を作ることからはじめましょう。

「みんなで声をかけようね!」

やり方を確認する意味でも、みんなで声をかけながら取り組ませます。例えば、

T：「手と膝、着いて！」　C：「手と膝、着いて!!」

T：「肘はピンッ！」C：「肘はピンッ!!」

T：「おへそを見たら力を入れて！」C：「おへそを見たら力を入れて!!」

T：「せーの！」T＆C：「ぎゅっ、ぎゅっ（背中を押す）！トーンッ（跳び越える）!!!」

安全に跳ぶことが前提なので、「せーの！」の前に時間をしっかり取りましょう。そして、「ぎゅっ、ぎゅっ」の時には、どのくらいの体重がかかるかを感じてもらうためにしっかりと馬の背中を押します。

「跳ぶ前にチェックしようね!」
「四角い箱が入るかな?」

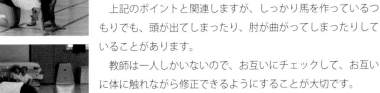

上記のポイントと関連しますが、しっかり馬を作っているつもりでも、頭が出てしまったり、肘が曲がってしまったりしていることがあります。

教師は一人しかいないので、お互いにチェックして、お互いに体に触れながら修正できるようにすることが大切です。

また、正しい馬の形のイメージが伝わるように声をかけます。四角い箱が入るようにするには、「肘を伸ばす」ことが必要ですし、「へそを見る」と自分の体の形を見ることができます。

「最後まで手は離さないよ!」

最初のうちは、"跳ぶこと"を意識しすぎて、背中から手を離してしまい、馬の上を足を開いて跳ぶだけになってしまう子どももいます。足を揃えて横から跳び越える子どももいます。

まずは、手を離さないように声をかけます。それでも、難しい場合には「手を離さずに、跨いでごらん」と、跳ぶことよりも馬の背中から手を離さずに押すことから始めましょう。

高さ転がり

20
min
/45min

『高さ転がり』は、重ねたマットの上での前回りをする運動で、台上前転につながる教材です。

跳び箱と違い、重ねたマットの上で回るので「頭や背中が着く場所が**柔らかい**」「**幅が広い**ので横に落ちるかもしれない不安が少ない」「**奥行きがある**のでしっかり回りきることができる」というように、子どもたちにとって**安心して取り組める**条件が揃っています。

なので、台上前転に必要な「腰やお尻を高く上げること」「あごを引いて後頭部を着いて回ること」に意識を集中させながら、繰り返し取り組むことができます。

対話でつなぐ教材のポイント

頭の後ろを着く!←
→腰は高く上げる!

スムーズに回るには、後頭部をマットに着けることが大切です。そして、**後頭部をマットに着けるには、腰やお尻を高い位置に上げて踏み切る**必要があります。

自分の動きは見えないので、子どもたち同士で動きを見て確認し、アドバイスをしながら学習を進めましょう。

「イッチ・ニイの・サーン!」

　腰やお尻を高い位置に上げるには、強い踏み切りが必要です。

　「イッチ・ニイの・サーン!」のリズムで、小さな踏み切から強い踏み切りをしてから、回るようにしましょう。手は最初から着いている状態から始めましょう。

「着地は、 ピタッ!」

　台上前転に発展させることを考えて、最後の着地まで丁寧に取り組むように声をかけます。

　「ピタッ!　と3秒止まれるか数えてみよう。2回連続止まれたら合格!」と声をかけることで、お互いに見合うようになり、**着地まで意識**して取り組むことができます。

選べる高さ転がり

　全体的にマットを5枚くらい重ねた状態でスムーズに回れるようになってきたところで、跳び箱の1段目を出し、台上前転に発展させても良いでしょう。

　この際に、「マットよりも幅が狭いので、真っ直ぐ回る必要があること」や「奥行きが短いので、手と頭を手前に着くこと」を確認しましょう。

　また、一気に跳び箱に変えずに、重ねたマットの場を残しましょう。そうすることで、自分の感覚に合わせて、跳び箱とマットを行き来しながら学習を進めることができます。

　跳び箱を使うのならば、安全かつスムーズに準備と片付けができることが大前提です。

○点馬とび

20 min /45min

　『○点馬跳び』は、馬とびを点数化し、お互いに評価し合っていく教材です。この学習を通して、開脚跳びに大切な**踏み切り・着手・着地**の感覚を高めていきます。まず、1人馬とびにするか、2人馬とびにするかをこれまでの感覚をもとにきめます。それをきめたら、マットの縫い目の何本目まで跳べるかに挑戦します。そして、着地で何秒（最高3秒）止まることができるかを判定してもらいます。馬の人数、着地した場所、着地の安定感を点数化することで夢中になって取り組むことができます。挑戦を繰り返すことで、感覚が高まっていきます。

　得点の例→　馬の人数　×　着地した縫い目　＋　着地で止まった時間

対話でつなぐ教材のポイント

得点を上げるコツ＝運動のポイント

　「強く踏み切ること」「背中をしっかり押すこと」「着地で止まること」は、子どもたちにとっては得点を上げるために必要なことです。これは、教師側にとっては学ばせたいことでもあります。夢中になって取り組むことが、感覚を高めることにつながるのです。

3つの声かけポイント

「両足で強く踏み切るよ!」

　馬とびでは、安全面を考え、**助走をしてはいけません**。助走をしてから跳ぼうとすると馬が耐え切れずに、両方とも転倒してしまいます。

　膝の曲げ伸ばしを使って力強く踏み切ります。

「しっかり背中を押すよ!」

　馬の人数が1人でも、2人でも、手のひらでしっかりと馬の背中を押しましょう。爪を立てて、つかむ必要はありません。

　自分から見て奥の方に手を着き、馬を跳び越えるときには、やや背中を後ろの方へ押すようなイメージで着手します。

　視線は真下ではなく、少し前の方を見るようにすると怖さがやわらぎます。

「膝を上手に使ってごらん!」

　最後は着地です。子どもたちの運動を観察しながら、膝を曲げて柔らかく着地している子を探します。膝に焦点化して、全員で運動を観察します。

　膝を使う良さを確認した上で、それぞれの学習に戻ると、しっかり着地を意識するようになります。

かかえ込みとび

20 min
/45min

　『かかえ込みとび』は、跳び箱に両手を着き、強く突き離した後に、閉じていた足を前に抜いて、両足で着地する運動です。手を着いたままでは、足を抜くことができないので、足を前に抜き出すタイミングが重要になってきます。

　最初から跳び箱で挑戦するのではなく、**"うさぎとび"の発展**として考えて学習を進めます。手を着いた位置よりも前方に着地するような、マットを跳び越すうさぎとびは、かかえ込みとびの動きと同じです。

　跳び箱で取り組むときには、着地の直前に**着地する場所を見ながら**、**跳び箱を後ろに押す**ようなイメージで足を前に抜きましょう。

対話でつなぐ教材のポイント

足を抜くタイミング!

　かかえ込みとびでは、手を着いている時間が短すぎて体が前方へ運べなかったり、手を着いている時間が長すぎて足が前に抜くことができなかったりすることがあります。

　肩が跳び箱よりも前に出たら、手を突き離して、足を前に抜きましょう。

「マットを越えてみよう!」

まずは、マットを使ってダイナミックなうさぎとびに挑戦しましょう。

中マットの幅（120 cm程度）を跳び越えるようにして、うさぎとびを行います。手を着いたり、着地をしたりする場所に小マットを置いて目安にするのも良いでしょう。

手を着いた位置よりも前方に着地することを目標にしましょう。

「着地も意識するよ!」

マットでのダイナミックなうさぎとびに取り組むときから、着地も意識させましょう。着地を丁寧にさせることを意識付けできれば、運動全体がていねいになり、ケガも起きにくくなります。

同じグループの仲間が、マットを押さえながら次の順番の子の運動を観察しましょう。見合うことは良い緊張感を生み、学習が効果的に進みます。

「肩を前に!　視線も前に!」

かかえ込みとびを跳び箱で行う際に、高さが出てくる分、恐怖心が増します。すると、体が前に投げ出せず跳び箱の上に乗ったり、着地の位置を見る余裕がなくなったりします。

同じグループの仲間が声をかけると意識しながら運動ができます。また、高さについては自分の跳び越えられる高さを大切にして、跳び箱を突き離して、足を前に抜くことに集中できるようにしましょう。

シンクロパフォーマンス

20~45
min
/45min

　『シンクロパフォーマンス』は、マット運動・跳び箱運動を中心に、長なわとび、ボール運動など6年間で学習してきたことを自由に組み合わせて、パフォーマンスをつくります。

　音楽は、歌詞のある曲ではなく、音楽制作ソフトウエアの**GarageBand**（ガレージバンド）を使い、同じリズムが繰り返されるようにして、授業中は体育館にずっと流しっぱなしにします。これは、歌詞がなく、繰り返しのリズムであれば、もしタイミングが合わなかったり、ミスが出てしまったりしても、途中からの修正ができるようにするためです。

　「見ている人を意識すること」を大切にして子どもたちに自由に発想させながら、楽しく学習を進めましょう。

対話でつなぐ教材のポイント

とにかく楽しく！　面白く!

　6年生の器械運動のまとめの教材として扱います。相手意識をもちながら、質の高い楽しさを追求しましょう。

「見え方を意識してみよう!」

　マットパフォーマンスは自由な発想を大切にしながらも、どう見えるのかも重要になります。

　相手意識をもつことで、新たなアイデアや修正点が見えてきます。あくまでも見ている人がいることを常に意識させましょう。

「アイデアは共有しようね!」

　単元の最後には、大発表会を設定し、そこに向けてパフォーマンスをつくっていきます。

　ただし、中間発表会や2つのグループで見せ合うミニミニ発表会も設定します。他のグループの発表を見てアイデアを共有したり、直接意見を聞いてパフォーマンスづくりの修正の参考にしたりします。

　"つくりなおす"きっかけを大切にします。そうすることで、よりよい作品に仕上がっていきます。

「終わり方も大切に!」

　パフォーマンスの中の終わり方も大切にするように声をかけます。

　せっかくのパフォーマンスでも、最後がうやむやだと、後味の悪い発表になります。逆に途中の失敗があっても、終わり方が堂々としていると、しっかりと締まり良い発表だと感じます。

　最後は笑顔で終われるように、終わり方にも目を向けさせましょう。

　ちなみに、左の写真は、笑顔で「なべなべ底抜け」をして終わっていました。

Column

「学習の場の設定で気をつけることは?」

　学習の場は、できるだけシンプルにするように心がけましょう。

　本書で紹介している実践も、1つの教材につき準備する教具の種類は1～3種類程度です。なるべく少なくすることを心がけています。

　たくさんの種類の教具を使うとなると、まず準備と片付けに時間がかかってしまいます。それぞれの課題に合った学習の場を準備しようという意識は大切です。しかし、その準備や片付けに多くの時間を使い、実際に運動して学習する時間が少なくなってしまっては本末転倒です。また、学習の場の種類を広げすぎてしまうと、1つ1つの場の安全確認が疎かになったり、安全に関する指導が全体に徹底できなかったりする可能性もあります。約束事や役割分担を徹底させればよいと考えるかもしれませんが、子どもたちにとっても教師にとっても負担が大きいと感じます。

　本書で紹介している実践は、組み合わせ単元で授業を進める(p.140参照)ことがほとんどです。何と何を組み合わせるか考える際にも、学習の場や準備する用具についても意識します。少し準備が必要なもの(特にボール領域)と組み合わせるのは、鉄棒などの固定施設を使ったものや、とびなわ1本、マット1枚だけ使うものなど、**準備と片付けの時間を短く**して、運動して学習する時間をたくさん作りましょう。

3章 陸上

陸上で大切にしたいこと

■シンプルにして、子どもたちを夢中に!

　陸上運動の授業では、子どもたちが全力で走ったり、全力で跳んだりすることができるように意識しています。

　そのためには、取り組む教材をシンプルにすることと、子どもたちのモチベーションが維持できるような仕組みをつくることが大切です。

　今回紹介している3つの教材は内容が非常にシンプルですし、場の設定もシンプルです。紹介できなかった走り幅跳びや走り高跳びも準備するものや場の設定は最小限にしています。

　　自分と同じぐらいの記録のライバルとの競走を楽しむ「かけっこ入れ替え戦」
　　相手チームとの競走と記録の伸びを楽しむ「はじめてリレー」
　　自分自身の記録との競走を楽しむ「ハードル走」

　どれも陸上運動の本質に迫ったものです。シンプルな教材であれば、最後まで全力を出しやすく、体全体を大きく、素早く、力強く動かす経験をすることができます。

■モチベーションを維持する仕組み

　また、子どもたちが最後まで全力を出すには、モチベーションが維持できるような仕組みも大切です。「かけっこ入れ替え戦」では、最初に記録を計り記録が近い子ども同士が競走するようにし、勝敗が拮抗するようにします。また、入れ替え戦方式で取り組むことで、何度も勝ち負けを繰り返し、結果を受け入れて取り組めるようになります。「はじめてリレー」では、合計タイムを同じにすることで子どもたちが納得して取り組むことができます。「ハードル走」では、個人の得点をグループの得点やクラスの得点とすることで、自然と応援やアドバイスが生まれ、意欲的に取り組むことができます。

　子どもたち同士の対話を大切にし、**個人の取り組みから、集団としての取り組み**となるように意識します。かかわりを感じながら競走する楽しさを実感できる授業を目指します。

■陸上のつながり

◆おりかえしの運動 ◆かけっこ入れ替え戦 　（50m走）	◇100m走 ◆はじめてリレー ◇川跳び ◇ゴム跳び	◇リレー ◆ハードル走（40m） ◇走り幅跳び ◇走り高跳び

「川跳び」

「ゴム跳び」

「走り幅跳び」

「リレー」

かけっこ入れ替え戦
(50m走)

20
min
/45min

　『かけっこ入れ替え戦』は、短距離50ｍ走です。この教材は１度やり方を覚えれば、ほとんどの学年で取り組むことができます。

　教師１人がスタートの合図、決勝判定・タイムの計測をすべて行います。最初は戸惑うかもしれませんが、慣れていけば問題なく進めることができます。ゴールの位置に立ち、手を挙げたときが「用意」、手を振り下ろした瞬間が「ドンッ!」とします。この約束を確認すれば、声を出して聞こえたか聞こえていないかを心配する必要はありません。教師はゴールラインの真横に立ち、決勝判定とタイムの計測をします。子どもたちは、とにかく力一杯走ります。

　簡単なルールにしておくことで、子どもたちは**走ることに集中**することができます。

対話でつなぐ教材のポイント

入れ替え戦でやる気アップ!

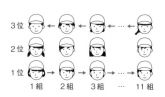

3位 ← ← ← … ←
2位
1位 → → → … →
　1組　2組　3組　…　11組

　入れ替え戦に入る前に、50ｍ走の記録を計り、記録順に並べて、３人組をつくっておきます。

　３人組で走ります。**走力が同じくらいの仲間同士**なので、本気になって最後まで力一杯走ることができます。

　１位を先頭に縦に並びます。全員が走り終わったら、各組の１位は１つ速い組へ、３位は１つ遅い組へ入れ替えます。１番速い組の１位と１番遅い組の３位は居残りです。

　この入れ替え戦は、他の運動でも利用可能です。

「先生から目を離さない!」

　基本的には、スタートの合図は音ではなく、教師の手の上げ下げで行います。

　ですので、それを見逃すとスタートに遅れることがあります。走る子に「先生を見るよ！」と一声かけるだけで、集中し直すことができます。

　ちなみに、近くで見ている子には、走る子がスタートラインを踏まないかの審判の役割もあります。

「キョロキョロせずに　一か所を見る!」

　走っていると顔が上下に動いたり、横が気になってしまったりして、視点が定まらずフラフラと蛇行してしまうことがあります。

　スタートラインに立った時に、どこを見続けるか決めて走り始めると、真っ直ぐ、無駄なく走ることにつながります。

「最後まで走り切る!」

　力を出し切ること、最後まで力一杯走り切ることは、繰り返しの中で身につきます。

　一緒に走る仲間は、走力の近いライバルです。勝負はギリギリまでわからない場合が多いので、毎回最後まで走り切ることを意識させましょう。

　また、勝負だけでなく、ノートに記録を記入させておくことで、自分の伸びを実感しながら学習を進めることができます。

はじめてリレー

　『はじめてリレー』では、コーナートップやバトンゾーンの基本的なルールを理解しながら、チームで競う楽しさを味わいます。

　まずチーム編成には、細心の注意を払います。あらかじめ、全員の短距離走の記録を計測し、**個人記録の合計タイムが全チーム同じ**になるようにチーム分けをします（男女混合）。これは、エクセルを使うとスムーズに分けることができます。こうすることで、全チーム記録上は同じ条件で始められるので、不平不満が少なく、意欲的に取り組むことができます。

　リレー入門期は、「**バトンゾーンでバトンパスができる**こと」と「**順番どおりに走者が出てくる**こと」ができれば、良しとしましょう。

対話でつなぐ教材のポイント

あえて左手でもらう!

　はじめてトラックを使ったリレーをする際には、**左手でバトンをもらい、右手に持ち替えて次の走者に渡しましょう**。そうすることで、視線がトラックの内側を向き、前の走者をずっと目で追うことができ、コーナートップを確認しやすくなります。（賛否両論あるかと思いますが。）

　それに関連して、応援席（待機場所）はトラックの外側にすることで、子どもたちが常にレース全体を見ることができます。

3つの声かけポイント

「手を広げて親指は上向き!」

　ミスなく確実にバトンを受け渡すことを第一に
考えましょう。

　そのために、左手でもらうときには親指をなる
べく上の方に向けて、大きく手（特に親指と人差
し指の間）を開きます。バトンを渡す的が広けれ
ば、ミスが少なくなります。

　バトンを受け取るまで、しっかり目で確認する
ことも大切です。

「抜くなら外側!」

　レース中、抜いたり抜かれたりがあるのは当然
です。その際のルールは安全にも関わるので、初
めのうちに意識させましょう。**基本的に一番内側
を走り、抜くときは必ず外側から**です。これは、
両方がわかっていないとぶつかってしまうことも
あるので、教師は声をかけて、しっかりと意識さ
せて学習を進めましょう。

「チームで力を合わせて!」

　リレーは自分の力を精一杯出すことと仲間と力
を合わせることの２つの楽しさがあります。

　写真のように、円陣を組んで、儀式を通して団
結力や気持ちを高めることも一つの手段です。ま
た、一生懸命に応援しているチームや上手くいか
ないことがあってもプラスの言葉をかけ合ってい
るチームは積極的に紹介・賞賛し、良い姿を共有
しましょう。

　しかし、トラブルが起きたときの解決も大切な学びなので、子どもたちの様子を意図的に見
守ることも大切です。

ハードル走（40 m走）

45 min /45min

『ハードル走（40 m走）』を学習する際に、一般的にいくつかのポイントがあります。

①リズムよく走ること　②遠くから踏み切って、近くに着地すること　③なるべく低く跳び越えること　④振り上げ足の足の裏を前に向けること　⑤抜き足は横から地面と平行にしながら前にもってくること　などがあります。しかし、このすべて教え、習得させることは非常に難しいことです。

そこで、この中からいくつか選んだり、子どもたちが上手だと思う仲間の運動を観察してポイントを見つけ出したりしても良いでしょう。また、みんなで共通理解したことであっても、自分では意識しすぎて、ぎこちなくなってしまうポイントもあると思います。

自分が一番心地よく、そして速く走るためにどうするかという視点で学習を進めても、教師が教えたい内容と大きくズレることはありません。

対話でつなぐ教材のポイント

50m走との差	得点
＋0.2秒	8点
＋0.1秒	9点
±0秒	10点
－0.1秒	11点

50m走との差	得点
－0.2秒	12点
－0.3秒	13点
－0.4秒	14点
－0.5秒	15点

ハードル40 m走 vs 50 m走!

左の表のように、ハードル走の記録と50 m走の記録を使って、得点化します。

得点はグループごとに集計して、グループ得点として競い合います。また、**グループの得点をすべて合計して、クラス得点**として毎回記録していきます。記録の更新をするために速く走るためのポイントを学んでいきます。

「どうして速く
越えられるのかな?」

　自分たちが速いと感じたり、ハードリングが上手いと思ったりした仲間の運動を観察して、ポイントを探します。

　教師があらかじめ視点を与えてもいいですし、子どもたちに委ねてもいいと思います。

　子どもたちにとって、少しでも必要感のある状況をつくることが大切です。

「帰り道を大切に!」

　運動の観察は、走り終わった後にスタートラインに戻るときも積極的に行います。

　上手な仲間、参考にしたい仲間の運動を見ることで自分の走りに生かすことができます。また、仲間がどのように運動していたかを伝え合うことも大切にしましょう。

授業の進め方

　ハードル走は、他の教材と比べて準備したり、片付けたりする時間がかかってしまいます。インターバルが5.5〜7 m（0.5 m刻み）のコースを5コース設置します。ハードルは1コースにつき4台準備します。最初のハードルはスタートから12mの地点に置き、そこからそれぞれのインターバルで置いていきます（内田洋行のハードルメジャーが便利です）。

　自分に合ったコースを選びます。途中でコースを変えても構いません。たくさんの回数を走るよりも、走るときには全力で走ることを意識させましょう。

　授業終了15分前から20分前ぐらいになったら、タイムチャレンジの時間にします。3人同時にスタートし記録を計ります。スタートの合図は、かけっこ入れ替え戦と同じです。個人、グループ、クラス得点を計算して、終了5分前には片付けが始められるように進めましょう。

Column

「子ども同士の補助は必要?」

　私は子ども同士の補助を「お手伝い」と呼んでいます。この「お手伝い」が子ども同士をつなぎ、技能や知識を伸ばしながら、子どもたちの人間関係をよりよいものにしていきます。

　ですので、子ども同士の補助、つまり「**お手伝い」は必要不可欠**です。

　授業の中で教師が補助して成功体験を重ね、感覚を高めさせたいと思いますが、子どもたち全員に行うには時間的に無理があります。先生に補助してもらうのを待つ時間を作ってしまっては、運動学習の時間が減ってしまいます。

　そこで低学年の頃から、簡単なことからでいいので、お手伝いを経験させることが大切です。足を持ち上げたり、体を支えたり継続的に行うことでお手伝いが上手になります。また、それと同時にお手伝いをしてもらうこと、お手伝いをすることの価値について触れていきます。お手伝いをしてもらうことで、体が動きを覚えて感覚が高まります。また、**お手伝いをすることで運動のポイントを客観的に捉える**ことができます。

　お手伝いの文化が当たり前になれば、お手伝いをしている相手の成功を自分事のように喜んだり、お手伝いのお陰でできるようになったと感謝したり、お互いの関係も豊かになります。

4章 水泳

水泳で大切にしたいこと

■ 「泳げる子ども」を目指して、スモールステップで積み上げる

　水泳の学習を通して、「水に親しむ楽しさや喜びを味わうこと」は、泳げることの先にあると考えています。

　つまり、水に慣れ親しむだけではなく、あくまでも**6年間で子どもたちが泳げるようになる**ために、どのような教材を、どのような順番で学習していくのかが非常に重要になります。

　今回はクロールと平泳ぎが泳げるようになるための実践を紹介しています。スモールステップでページが進むにつれて、クロールと平泳ぎに近づくように書いています。

　顔を水につけたり、水の中にもぐることに慣れるためゲーム性の高い『リング拾い』と『手つなぎもぐり』を紹介しています。まずは、このような水に対する不安を取り除く教材をしっかり扱い、全員で水泳学習のスタートラインに立つことが大切です。

　そして、『ばた足』や『ビート板ばた足』は低学年から取り組ませています。子どもたちにとっては、ばた足も立派な水の中を移動する運動遊びです。早い段階から泳ぐことを意識して授業を進めることは、泳力を積み上げる上で非常に大切なことです。ちなみに、本書で『ワニクロール』『手タッチクロール』『ビート板クロール』に取り組んでいる写真の子どもたちは2年生です。中には1年生の頃は水が怖くて泣いていた子もいました。しかし、しっかりとスモールステップで泳力を積み上げ、友だちとの対話（特にお手伝い）を大切にして学習を進めることで、確実に「泳げる子ども」に近づいていくのです。

　また『かえる足』は3年生から繰り返し取り組みます。最初はなかなか上手く蹴ることができません。しかし、お手伝いのやり方を丁寧に確認して学習を進めることで、子ども同士がミニ先生になり、対話をしながら、技能を定着させていくことができます。スパイラル的に扱っていけば、6年生になったときに全員が『平泳ぎ』の学習に取り組むことができるのです。

■技能差があるからこそ、かかわり合いで授業をつくる

　水泳は学校外で習っている子もいて、技能差はあります。しかし、技能差があるからといって、**泳力別に授業を進めてしまっては、技能差は広がるだけ**です。共通課題で学習を進め、お互いが教え合い、かかわり合って、知識や技能を積み重ねてき、みんなで「泳げる子ども」を目指すことに小学校で水泳を学習する意味があると考えています。

◇カニ歩き
◇ワニ歩き
◇ジャンケン列車
◇イルカジャンプ
◆リング拾い
◆手つなぎもぐり
◇水中ジャンケン
◇床タッチ
◇ダルマ浮き

◆ワニばた足
◆引っぱりばた足
◆ビート板ばた足
◆ビックビート板ばた足
◆ワニクロール
◇跳び箱かえる足
◆ビート板かえる足
◇クラゲ浮き
◇大の字浮き
◇伏し浮き
◇壁につかまって浮く
◇水中花
◆背浮き
◆トンネルくぐり

◆手タッチクロール
◆ビート板クロール
◇クロール
◆ラッコかえる足
◆手だけ平泳ぎ
◆平泳ぎ

「ワニ歩き」

「大の字浮き」

「水中花」

「クロール」

はじめて水泳
（リング拾い・手つなぎもぐり）

リング拾い

手つなぎもぐり

『はじめて水泳』では、『リング拾い』と『手つなぎもぐり』の2つの教材を紹介します。

低学年の水泳（水遊び）の授業では、水の中で歩いたり、走ったりすることも学習内容ですが、**苦労するのが水に"もぐる"こと**です。水に慣れておらず、水に対して不安に感じる子どもは少なくありません。水に顔がつけられなかったり、もぐれなかったりすると、その先の学習に進むことができません。

そこで**友達と一緒に活動すること**で少しでも安心して取り組んだり、**ゲーム性のある教材**で夢中になりながら"もぐる"活動をさせたりして工夫します。

対話でつなぐ教材のポイント

楽しく安心して
繰り返し取り組めるように

水に慣れるには、全員の運動頻度を保障することが重要です。1人だけで"もぐる"ことは不安な子にとって非常にハードルが高いものです。

そこでゲーム感覚で繰り返し取り組ませたり、友達と手をつないで安心感のある中で取り組ませたりすることが重要です。

楽しいこと、安心できることは子どもたちが繰り返し取り組むためには必要な条件であり、その経験値が子どもに自信を与えてくれます。

「1個ずつ持ってくるよ!」

リング拾い

　これは、子ども自身がきまりを守って安全に取り組む意識をもたせることと、繰り返して取り組むための声かけです。

　水の中での活動なのでルールを守ることは1年生から徹底します。そうした中で、"もぐって運んで"を繰り返します。夢中になって取り組ませながらも、ルールを守ることの大切さと、もぐる楽しさをも経験させます。

「手を離さないでね!」

手つなぎもぐり

　手をつなぐことは子どもたちに安心感を与えることだけがねらいではありません。もぐって水から出た後も手をつないだままにさせることで、顔に水が流れても大丈夫なようにします。

　1人では不安でも、手をつないでお互いの顔が見えると、自然と励ます声が生まれ、不安な子も勇気をもって取り組むことができます。

「肩まで沈んでごらん!」

手つなぎもぐり

　手をつないでもぐる時には、お風呂に入るように、まずは肩までゆっくり体を沈めます。

　これは、水面から高い場所からもぐろうとすると、顔と水中との距離が生まれ、不安になり、もぐることから逃げる子が出てきます。

　少しずつ水面に近づけば、目線も慣れてもぐりやすくなります。また、不安な子には「あごまで」「口まで」「鼻まで」と自分で目標を決めながら、少しずつもぐるように声をかけます。

自分や友だちの頑張りがわかることも大切なことです。

ばた足
（ワニばた足・引っぱりばた足）

20
min
/45min

ワニばた足

引っぱりばた足

　１年生から**泳ぐこと（前に進むこと）を意識**して学習を進めます。ここでは、『ワニばた足』と『引っぱりばた足』の２つの教材を紹介します。

　『ワニばた足』は、水深が浅いプールでの活動に適しています（本校ではフロートを沈めて水深を浅くしています）。プールの床に手を着いた状態で、ばた足をして前に進みます。ばた足で**前に進む感覚**を身につけるができます。また、顔に水がかかるので、**水慣れ**にもなります。

　『引っぱりばた足』は、友達に手を持ってもらい、ゆっくりと引っぱってもらいながら、**ばた足で前に進む感覚**を身につけます。友達に手を持ってもらえるので安心感があります。

対話でつなぐ教材のポイント

1年生でもばた足で進もう!

　小学校６年間の水泳学習を考えたときに、１年生から泳ぐことにつながる学習を扱うことが大切です。

　水深が浅かったり、友達同士のお手伝いで手を持ってもらったりすれば、安心して取り組むことができます。ばた足で進む感覚が身につくと楽しさがグッと広がります。

「手も使って進んでごらん!」

『ワニばた足』では、おもいっきりばた足を
して、前に進むのはもちろん、手を使って、
体を前に進ませるように声をかけます。

前に体が進むと、水流が生まれ、体が浮き
やすくなり、ばた足がしやすくなります。

「しっかり手を持って
　　　　　スイスイ引っぱろう!」

上記したように、体が前に進むと、水流が
生まれ、体が浮きやすくなり、ばた足がしや
すくなります。ここでは、友達がしっかりと
引っぱることで、泳いでいる子の体が浮きや
すくなります。

ただし、引っぱる子は後ろ向きで引っぱる
ので、後方に気をつけながら、転ばないように声をかけましょう。焦らずに落ち着いて行わせる
ことが大切です

「膝を伸ばして力強く!」

ばた足は、泳ぎの基本となる技術なので、
確実に身につけさせましょう。

膝や足首が曲がりやすく、曲がったままで
は上手く水を捉えることができず、あまり進
むことができません。

まずは、膝を伸ばしながら、力強くばた足
をするように声をかけます。写真のように、
教師が必要に応じて、サポートしましょう。膝の曲がりが強い子には、腿を持ってサポートし
てあげることが効果的です。

ビート板ばた足
（ビート板ばた足・ビッグビート板ばた足）

20
min
/45min

ビート板ばた足

ビッグビート板ばた足

　ビート板を使って体を浮かせて、ばた足で前に進む練習をします。ここでは、『ビート板ばた足』と『ビッグビート板ばた足』の２つの教材を紹介します。

　『ビート板ばた足』は、両手でビート板をつかみ、ばた足で前に進みます。最初は、ビート板の先をつかんで、顔が上がった状態（あごが水に着くぐらい）でばた足の練習をします。少し水に抵抗がある子も顔が水面から出ていると安心して泳ぐことができます。慣れてきたら、ビート板の手前に手をのせ、顔を水につけるスペースをつくり、顔に水をつけて泳ぎます。

　『ビッグビート板ばた足』は、大きなビート板に３〜４人が並び、ばた足で前に進みます。ビート板同様、水面に出ている状態から顔をつけて進めるようにしましょう。

対話でつなぐ教材のポイント

楽しく力強く！
けって進む感覚を！

　ビート板を使うことで、子どもたちの体は浮きやすくなり、安心して取り組むことができます。そうした中で、ばた足を使って前に進む楽しさを感じながら、感覚を高めます。同じばた足でも、友達と一緒に取り組むと**遊びの感覚**でありながら、**技能を高める**ことができます。

3つの声かけポイント

「膝を伸ばして力強く!」

　ばた足は、膝が曲がったままでは、上手く水を捉えることができず、あまり進むことができません。また、せっかくビート板を使っていても、どんどん体が沈んでしまいます。

　写真のように、教師が腿を持って、膝を伸ばすように声をかけながらサポートしてあげましょう。

「腿から
おもいっきり動かすよ!」

　腿から力強くおもいっきり水をけって進むことを遊んでいるような感覚で身につけさせたいと思っています。取り組み始めは、写真のように上半身を大きなビート板の上に乗せて、ばた足に集中させます。水しぶきを出しながら、ぐんぐん進むようになったら、ビート板の手前に手をおいて、顔を水につけながらばた足に取り組みます。競争やリレーにすれば、それだけで夢中になって取り組むことができ、おもいっきり足を動かし進もうとします。

「耳まで沈めよう!
ンー・バッを意識!」

　顔をつけてビート板ばた足をする際には、頭を耳まで水に沈めた姿勢を保ちます。おでこが出たりすると、水の抵抗が大きくなります。

　また、顔をつけているときには、「ンー」と言いながら、鼻から息を吐きます。そして、息を吐ききったら顔を出し、大きな声で「バッ!」と言って、空気を入れます。「ンー・バッ!」という息つぎの基本のリズムも覚えましょう。

クロール
(ワニクロール・手タッチクロール・ビート板クロール)

20 min /45min

ワニクロール

手タッチクロール

ビート板クロール

　みんながクロールで泳げるように3つの教材を中心に学習を進めます。20分間で3つとも取り組もうとはせずに、**1つずつ、もしくは2つ組み合わせて**、クロールの習得を目指します。

　『ワニクロール』は、「ワニばた足」にクロールの手の動きを取り入れた泳ぎです。水深が浅いプールであれば、プールの底に手が着き安心して泳ぐことができます。クロールの泳ぎ方をイメージして手を動かし、なるべく足が着かないように意識して泳ぎます。

　『手タッチクロール』は、友達に手を持ってもらい、ゆっくりと引っぱってもらいながら、クロールの手と足のコンビネーションを身につけます。お手伝いをする子は手をお皿のようにして、そこに泳いでいる子が手をのせるようにして泳ぎましょう。余計な力が入らず、リラックスして泳ぐことができます。お手伝いがあることで安心して取り組むことができます。

　『ビート板クロール』は、ビート板の浮力を使って、クロールの動きを身につけます。ばた足を続けること、腿までしっかり手でかくこと、そして、息つぎの姿勢を意識します。

対話でつなぐ教材のポイント

ばた足とのコンビネーション!

　クロールは手と足とのコンビネーションが大切です。この教材の前に、水の外や水中を歩きながら、手の動きを確認しておきましょう。まずは、**手を遠くへ伸ばす**、**腿まで水をかく**ことを意識させます。また手の動きや息つぎがあっても、ばた足が弱くならないことが大切です。

「ばた足はずっと続けるよ!」

　ばた足にクロールの手の動きが加わると、手の動きに一生懸命になりすぎて、ばた足が弱くなってしまうことがあります。また、息つぎをするときにもそこに意識が向いて、ばた足が疎かになることがあります。

　『ワニクロール』でも、『手タッチクロール』でも、『ビート板クロール』でも、共通してばた足を続けることを意識させます。ばた足を続けていれば、体が沈みにくくなり、クロールのコンビネーションを身につけることに集中できます。

「顔を上げすぎないように!」

　クロールの泳ぎを身につける上で、つまずきやすいのが、息つぎです。

　最初は、息つぎの際に、正面を向いてしまったり、横は向いていても顔を上げすぎてしまったりすることが多く見られます。

　そこで、顔を上げすぎていたら、お手伝いの子が優しく頭を触って教えてあげましょう。泳ぎ終わった後よりも、泳いでいるときに教えてもらえるほうが上達のスピードが上がります。

「しっかりかききろう!」

　手の動きで意識させたいのが、腿までしっかりとかききることです。そうすることで、より多くの水をつかむことができ、大きな推進力が生まれ、前に進むことができます。遠くの水をつかむように指先から手を水に入れ、ゆったりと大きく腕を回し、腿までしっかりかききることで、伸びのある大きなクロールで泳ぐことにつながります。

もぐる・浮く
（トンネルくぐり・背浮き）

20 min
/45min

トンネルくぐり

背浮き

　水に慣れる運動は、低学年だけでなく、全学年で取り組むことが大切です。泳ぐだけでなく、**水にもぐる楽しさ**、友達と**一緒に取り組む楽しさ**をたくさん経験することで、水に対する恐怖心がなくなり、前向きに水泳学習に取り組むことができるようになります。

　『トンネルくぐり』は、1人が水中ロケットになり、3人が並んで肩をつかみトンネルをつくります。水にもぐって壁をけり、そのトンネルをくぐる遊びです。友達と一緒にゲーム感覚で楽しんで取り組みながら、抵抗のない水中での姿勢を身につけることができます。

　『背浮き』は、水に浮いたまま呼吸を確保することができる浮き方です。学習指導要領の5・6年の内容にも、安全確保につながる運動として紹介されています。

対話でつなぐ教材のポイント

楽しみながら高める!

　どちらも、やることはシンプルですが、少しだけ難しい教材です。**お互いにどうやれば上手くいくかなど声をかけ合い**ながら取り組ませましょう。

　成功すれば、自然と拍手が起こり笑顔になれる教材です。友達と協力しながら、水の楽しさを感じましょう。

「たくさん息を吸って!」

『トンネルくぐり』は、成功するごとに少しずつ壁からの距離が離れていきます。もぐる前に、大きく息を吸い込んで、深くもぐるようにようにしましょう。

たくさん息を吸い込むことで、水中での活動に余裕ができます。そうすることで、水の抵抗の少ない姿勢（腕で頭を挟む、体をまっすぐ伸ばす、腕が耳の後ろ）に意識が向きやすくなります。

「手を離さないでね!」

トンネルをつくるときには、水中ロケットで進んでくる子が気になっても、前に並んでいる友達の肩から手を離さないようにしましょう。手が離れてしまうと、足の位置がずれてトンネルが曲がり、ぶつかってしまうことが考えられます。

水中ロケットの子は、プールの底に顔をぶつけないようにしつつ、深い位置でもぐって壁をけるようにしましょう。

「あご〜!　耳〜!　へそ〜!」

長く浮き続けるポイントは①あごを上げる②頭を耳まで沈める　③おへそを出すことです。

ペアの友達が声をかけながら、意識させましょう。初めは写真のように、友達が腰のあたりを手で支え、おへそが出るようにお手伝いをします。安定してきたら、ゆっくりと手を離します。友達と協力して、正しい姿勢でくり返すことが上達のカギになります。

かえる足
（ビート板かえる足・ラッコかえる足）

20 min /45min

ビート板かえる足

ラッコかえる足

　『かえる足』を学習する初期段階では、跳び箱の上で正しい足の動きを確認したり、プールの壁につかまって沈みにくい状態での練習をしたりすると良いでしょう。また、水深の浅いプールがあれば、「ワニばた足」と同じ要領で『ワニかえる足』に取り組むことが有効です。

　それらの学習を経て、ビート板を使って体を浮かせて、かえる足で前に進む練習をします。

　『ビート板かえる足』は、両手でビート板をつかみ、かえる足で前に進みます。最初は、ビート板の先をつかんで、顔が上がった状態（あごが水に着くぐらい）でかえる足の練習をします。水に抵抗がある子も顔が水面から出ていると安心して泳ぐことができます。慣れてきたら、ビート板の手前に手をのせ、顔に水をつけて泳ぎます。

　『ラッコかえる足』は、水面から膝が出ないように、かかとをお尻に引きつけることを意識させます。自分でも足の動きを確認しながら取り組むようにしましょう。

対話でつなぐ教材のポイント

イチ! ニィ、 サァ～ン! のリズムを大切に

　膝と足首をしっかり曲げて、足の裏を上か後ろに向け、かかとをお尻の方に引きつけ「イチ」の姿勢になります。膝は閉じずに足首を曲げたまま足を伸ばし「ニ」の姿勢になります。最後は、水を挟むようにして足をしっかり閉じる「サン」の姿勢になります。それぞれの姿勢を意識しながら、「イチ、ニィ、サァ～ン」のリズムでけるようにしましょう。

「足首を曲げるよ!」

　かえる足のつまずきで1番多いのは、足首が伸びてしまう"あおり足"です（私も子どもの頃、非常に苦労しました）。

　子どもに声をかけて意識させるのはもちろん、足の裏をしっかり持ち、お手伝いをしましょう。足を持つときは、持つ手の親指を内側にして、かかとを支えるようにしましょう。このお手伝いは、子ども同士でもできるので、壁につかまって練習している段階からお手伝いを取り入れると、お手伝い自体が上手になり、正しい姿勢を覚えることにつながり、自身の上達もスムーズになります。

「伸ばして閉じる!」

　かえる足で進むためには、しっかりと水を蹴ることが大切です。そのためには、**①足首を曲げたまま、膝を伸ばして水を押し出す　②水を挟むようにして、膝を伸ばしたまま足を閉じ、十分にけのびをする**ことがポイントになります。速く進もうとして何度も蹴るのではなく、1回1回、1つ1つの動きを丁寧に行うことが、スイスイと進むことにつながります。

「耳は沈めて、
　　　膝は水中!」

　ビート板をしっかりと胸に抱えて、耳を沈めて背浮きの姿勢になります。その姿勢のまま、かえる足をします。

　かかとをお尻に引きつけて、水面から膝が出ないように気をつけます。膝が出ている場合は、股関節を曲げすぎていることがわかります。

　後ろ向きで泳いでいるので、友達がぶつからないようにケアしてあげることも大切です。

平泳ぎ
（手だけ平泳ぎ・平泳ぎ）

20 min /45min

手だけ平泳ぎ

平泳ぎ

「かえる足」と手の動きと組み合わせて、平泳ぎの習得を目指します。

　まずは、平泳ぎの腕の動かし方を覚えます。手の動きが正しくできるように、ビート板を使った『手だけ平泳ぎ』に取り組みます。ビート板を足で挟み、手の推進力だけで水中を進むことを意識させます。また、息つぎのタイミングについても一緒に練習します。

　手で水をかく感覚がわかってきたら、かえる足と組み合わせます。1回かえる足・1回手のかきの、リズムを大切にして泳ぎます。いきなり25メートルを目指すのは難しいので、プールを横に使い、**短い距離で繰り返し泳ぐ**ことが大切です。

対話でつなぐ教材のポイント

「けって～（のびて～）　バッ!　けって～（のびて～）」

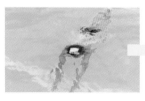  

　平泳ぎは、手と足のコンビネーションが大切になります。

　かえる足で蹴ったら、けのびでしっかり伸びます。次に、手で水をかいて脇を締めて「バッ!」と声を出して呼吸をします。それと同時に膝を曲げてかえる足の準備をします。しっかり頭を水の中に沈め、膝を伸ばして、しっかり足を閉じます。リズムを考えながら泳ぎましょう。

「逆ハートの形で脇を締める!」

平泳ぎの手のかきは、推進力を生むだけでなく。息つぎをする上で重要な動きと言えます。

けのびで伸びた指先から、逆ハートを描くように腕を動かします。肘から手のひら、指の先で水を捉えて、水をかきます。

かいた水を推進力にするために、脇をしっかり締めて、息つぎをして、けのびの姿勢に戻ります。

「あごの位置を見てね!」

クロールの泳ぎでもポイントに挙げましたが、平泳ぎでも息つぎの際に顔を上げすぎないようにすることが重要です。

顔を上げすぎると体が大きく上下してしまいます。すると、かえる足で蹴った後の一番前に進むけのびの姿勢になるときに大きな抵抗が生まれてしまい、バランスを崩してしまいます。

そこで、あごが水面から離れすぎていないか、友達同士で見合うように声をかけましょう。

「おへそを見るようにして
　　　　耳を沈めるよ!」

息つぎで顔を上げすぎることと同じく、けのびの姿勢のときに頭が上がってしまうと下半身が沈み、抵抗が生まれ、なかなか前に進めません。

そこで、おへそを見て、耳を沈め、抵抗の少ないけのびの姿勢を意識させます。教師が腰を支え、正しいけのびの姿勢になるように補助することも大切です。

Column

「勝ち負けにこだわることはダメなこと?」

　勝ち負けに**こだわることは大切**なことだと思います。勝ち負けのある競争・競走は子どもたちを本気にさせ、夢中になって学習に取り組むきっかけになります。また、勝ち負けがあるからこそ、よりよい自分や、よりよい自分たちのチームを目指します。すると、友だちにアドバイスをもらったり、チーム内でアイデアを出し合ったり、励まし合ったりする姿が自然とみられるようになります。

　しかし、勝ち負けにこだわれば、トラブルも出てきます。まずは、教師の方がトラブルは起きて当然だと構えておくのが大切です。子どもたちにとっては、さまざまなトラブルの原因を共有しながら、どうすればよいのかを考え、解決していくのも大切な学習です。まさに子どもたちの対話でつなぎながら、楽しく競える子どもたちになれるように教師が支えます。

　一方、授業を進める上で、勝ったり負けたりをたくさん経験させるのも大切です。つまり、勝ち負けに慣れさせ、切り替えが上手にできるようにします。

　例えばボール運動では、1時間の中に試合時間の長いものを1試合だけ行うのではなく、**短い時間で何試合も行う**ことで勝ち負けが繰り返し起こり、勝ち負けに慣れ、切り替えが上手になります。

　記録を競うようなものであれば、**それぞれの記録を合計して、チームの記録やクラスの記録として換算**すれば、集団としての達成へと意識を向けることができます。

5章

章

ボール運動

ボール運動で大切にしたいこと

■子どもたちの好きな球技こそ学習内容を明確に

　ボール運動の授業は「何を学ばせるのか」が明確になっていないと、"何となく楽しかった"で終わってしまうことがあります。つまり、それぞれの段階に合った「基本的なボールの操作」と「ボールを持たない動き」を学ぶことができる授業を展開していく必要があります。

　ボールの操作の基本は「投げる（蹴る）・捕る」です。これらをしっかりセットで学習していくことが大切です。特に低学年から中学年までに、下記のような技能を子ども同士が競い合う楽しさを感じる教材を通して、身につけさせます。

「相手の捕りやすいところに投げる・捕りやすいボールを胸でキャッチする」

「なるべく遠くに投げる・遠くから投げられたボールを落とさずに捕る」

「相手の捕りにくいところへ強く投げる・強く投げられたボールを捕る、避ける」

　それらのボール操作の技能を身につけさせることで、「ゴール型」「ネット型」「ベースボール型」の学習の充実につながっていくのです。

　昨今、投能力が低下しているということで、「投げる」に特化した授業を見聞きしますが、私はあまりお勧めしません。それは、長い目でボール運動を考えたときは、投げるだけではゲームは成立しないからです。ボールを捕ることに抵抗があると、ミスを恐れてどんどんゲームから離れてしまうことがあるのです。

　また、中学年以降のボール運動は内容が複雑になりがちですが、学習する内容をしぼります。

「ゴール型→相手のゴールに向かってボールを運ぶ」

「ネット型→相手のいないところに打つ・おもいっきり打つ」

「ベースボール型→おもいっきり打つ（ける）・ボールを見て走る」

　このような内容を学べる、シンプルだけど子どもが夢中になれる実践を紹介しています。どれも得点をとって競い合う楽しさを大切にしています。

■運動の頻度と期間保証する！

　紹介している実践は、どれも1回あたり5〜25分程度で扱い、運動の頻度と期間保証します。1時間の中に、いくつもの種類のゲームがあると、準備に時間がかかったり、ルールを同時にいくつも理解させたりしなければならないので、子どもにとっても教師にとっても負担となってしまいます。私も以前は、1時間の中にドリルゲーム・タスクゲーム・メインゲームを入れていましたが、今は**常にメインゲームと捉え**て学習を進めています。

■ボール運動のつながり

- ◆かべぶつけ
- ◆投げ上げキャッチ
- ◆キャッチボール
- ◇どこまでキャッチ
- ◆はしごドッジボール
- ◇どこまでキック
- ◆たまごわりサッカー

- ◆コーンボール
- ◆ディスクパス
- ◇シュートゲーム
- ◆ハンドテニス
- ◆けっとばし

- ◆ディスクゲーム
- ◇3 on 1
- ◇4 on 2
- ◇アタックパス
- ◆アタックゲーム
- ◇キャッチバレーボール
- ◇パコーン
- ◆かっとばしベースボール
- ◇ティーボール

「シュートゲーム」

「アタックパス」

「パコーン」

かべぶつけ

20 min /45min

　『かべぶつけ』は、ボールを投げる動作の入門期に丁寧に扱い、ボールを投げる動きの基礎をしっかり学ばせましょう。

　やり方は非常にシンプルです。かべから2〜5mのところにラインを引き、そこからかべを目掛けてボールを投げます。かべまでの距離は、クラスの全員が届くところにしましょう。

　最初は、**回数を指定**し、投げるポイントをしっかり意識させることを重視します。投げることに慣れてきたら、**30秒間に何回かべにぶつける**ことができるかに挑戦します。より多くの回数を狙うとフォームが崩れやすくなるので、教師や仲間が声をかけていきましょう。

対話でつなぐポイント

投げる動作を知る→見取る!

　ボールを投げる動作のポイントは全体で共通理解をすることが必要です。ボールを投げるのが得意な子だけが楽しいのではなく、苦手な子も投げ方がわかって、できていくことを楽しめることが大切です。まずは①**ボールを頭の後ろに引くこと**　②**利き手と反対の足を一歩前に出すこと**という2つのポイントを押さえ、お互いがその観点で見合うことが大切です。この2つを意識するだけで、投げ方がぐっと変わります。

「跨いで投げる!」

投げる際には、後ろから前への重心移動が大切だと言われていますが、子どもに"重心移動"と言っても、ピンときません。

なので、**おへそを横に向け**

て、必ず線をまたいで投げるように声をかけます。利き手と反対の足を踏み出すことで自然と体重が前の方に乗っていきます。

「一緒に投げるよ!」

ポイントがわかっても、なかなかすぐにはできません。

そこで、教師が背中側から腕を持ち、一緒に投げるお手伝いをします。

実際に体を動かしてポイントをイメージすることができるので、動作が身につけやすくなります。

自信をもたせることが、何度も取り組もうというモチベーションにつながります。

「どこを狙おうかな?」

『かべぶつけ30秒』では、たくさん投げることに夢中になります。回数を競うと動きが雑になりがちなので、仲間や教師が声をかけます。

その上で、投げる動作に慣れてきたら、どこを狙うかを意識させます。写真のように高さ90cmのところに目印をつけて、そこにぶつかると跳ね返りやすく、次に投げるまでがスムーズです。子どもの胸の高さぐらいというのがポイントです。

投げ上げキャッチ
・キャッチボール

20 min /45min

　ボール運動では、"ボールを投げるだけ"では、学習が成立しにくいものがほとんどです。例えば、ゴール型でも、ベースボール型でも、"ボールを捕る"という動きが必要です。つまり、投の動きだけを高めていっても、子どもたちにとって学習を進める上での有効な技能とは言いにくく、**ボールを"投げる"と"捕る"はセットで学習**を進めることが大切です。

　『投げ上げキャッチ』は自分で上にボールを投げて、ボールを捕ります。落ちてくる間に、手をたたいたり、地面にタッチしたり、ターンしたり、それを組み合わせたりしながら、楽しみながらボールの投捕に慣れていきます。

　『キャッチボール』は、3〜5m程度の距離を2人1組でキャッチボールをします。落とさずに連続で○回続ける（丁寧な投捕）、1分間で何回キャッチできるかを競う（頻度の確保）、○回連続で成功したら1歩後ろに下がる（より遠くへ正確に投げる）など、同じ学習の場で意図的にルールを変えながら、投捕の知識と技能を高めます。

対話でつなぐポイント

目と手でいい準備を!

　ボールへの恐怖心がある子もいるので、どんな準備をすればいいのかを共通理解して取り組ませましょう。

　①**ボールをよく見ること**と　②**手を広げて構えること**を大切にして、学習を進めていきましょう。

「ボールから目を離さないよ!」

　ボールが上手く捕れない原因の１つはボールから目を離してしまうことです。ボールへの恐怖心があるので、ボールが近づくと目を閉じてしまう子もいます。そこで、「ボールを見ていたら、避けることもできるよ」と教えてあげながら、まずはボールから目を離さないことを意識させましょう。

「手を広げて~! 　　　　ギュっとキャッチ!」

　ボールを捕る前の準備が気持ち的な余裕を生み、動きとしても捕りやすくなります。
　大きく手を広げて構えます。そして、ボールがきたらギュっとボールを抱えるようにキャッチします。最初は上手にキャッチできなくても、ボールに触ることを目標にしましょう。

「胸のあたりを狙って投げよう!」

　まず、２人の距離はペアでお互いの投げたボールが届くところにするように声をかけます。どちらかが届かない状況ではいけません。
　その上で、どのあたりに投げれば相手が捕りやすいのかを考えさせ、共通理解を図りましょう。胸のあたり（上半身）に投げるという意見が多く出ます。
　"かべぶつけ"で紹介した目印の高さ90㎝が子どもたちの胸の高さになります。

はしごドッジボール

20 min /45min

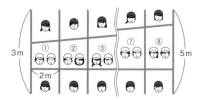

　『はしごドッジボール』は、外野●2人、内野○2人の4人1組で行います。2分程度で内野と外野が交替します。外野は当てたら1点とします。途中、内野は捕ったら1点とすれば捕る動きへの意識が高まります。（最初は当てたときの得点だけにすると混乱が少ない。）

　個人戦にして点数の1番多い子は上の班に、一番少ない子は下の班に移動します。同点の場合はじゃんけんで決めましょう。また、2人組の点数を合計してチーム戦にしても良いでしょう。コートは上の班にいけばいくほど、幅を広くします。投げる手と同じ足を前に出したり、両手で下から投げたりしないように声をかけましょう。

　「線を必ずまたいで投げる」というルールを入れるのがオススメです。

対話でつなぐポイント

「これまでのことを思い出そう!」

　『はしごドッジボール』は、「かべぶつけ」で学習した**①おへそを横に向けて、必ず線をまたいで投げる**やキャッチボールで学習した　**②ボールをよく見ること**と　**③手を広げて構えること**を大切にして、学習を進めていきましょう。

　試合形式で子どもたちは夢中になるので、意識し続けられるように、教師は声をかけ続けましょう。

「せーの、 それー!」

　ボールをよりたくさん当てようとすると、動きが疎かになることは自然なことです。しかし、動きが雑なままでは強いボールは投げられません。

　子どもたちの動きを観察しながら、写真のように体を支えながら一緒に投げましょう。言葉だけでなく体で動きを意識することができ、一人で上手に投げることにつながります。

「みんな構えるよ!」

　外野の子が投げるときに、内野の子が当てられないように構えることは比較的自然とできる場合が多いようです。

　しかし、反対側にいる外野の子も構えておかないと、ボールが後ろに転がりタイムロスが生まれてしまいます。なので、全員がボールに目を向け、構えるように声をかけましょう。

「ライバルに負けないように!」

　「かけっこ入れ替え戦」のルール（p.90）を使います。個人の得点で1位から4位までを決めます。1位は1つ広いコートへ、4位は1つ狭いコートへ入れ替えます。何度か対戦するうちに、同じぐらいの力の仲間との対戦になり、モチベーションを維持したまま、学習を進めることができます。

春 夏 秋 冬 「ねらって、ける！　よく見て、止める！」

たまごわりサッカー

20
min
/45min

　『たまごわりサッカー』は、一定時間内にボールを蹴り、カラーコーンで作った"たまご型"のゴールをボールで割るゲームです。1チーム4人で行います。

　カラーコーンの間は6〜8mぐらい。ゴールまでの距離が5mのところが1点ライン、7mのところを2点ラインとします。この距離は子どもの実態に合わせて変えても構いません。

　攻めは、カラーコーンの間を通せば得点となります。1点ライン、2点ラインどちらから蹴るかは自分で選びます。ただし、①たまごを突き抜けなければ得点にはならない　②頭より上（手を伸ばしても届かない高さなど）のボールは得点にはならないことにします。

　守りの4人は、ボールを通されないように、手や足でボールをはじいたり捕ったりして守ります。キャッチした場合には、転がして相手に返します。

　3分程度で攻守を交代します。勝敗が決まったら、**入れ替え戦方式で対戦相手を代え**ます。

対話でつなぐポイント

一生懸命に！　でも、落ち着いて。

　『たまごわりサッカー』は、審判はいないので、セルフジャッジになります。勝ちたいという想いをもつのはいいのですが、相手に意地悪をしたり、仲間に強く当たったりすることも予想されます。どのように試合を進めればいいのかを問いかけながら、精一杯取り組ませましょう。**勝敗を受け入れながら、お互いが気持ちよく学習**することを学ぶ機会にもなります。

「助走はどこから？
　　　反対の足はどこに？」

　得点するには、ボールをしっかり蹴ることが大切です。そこで、助走の開始位置と、軸足（蹴らない方の足）の置く位置を意識させます。

　助走はやや斜めから入るほうが蹴りやすいと言われています。軸足はボールの横に置いて蹴ると力が伝わりやすくなります。

「どこをねらって蹴る？」

　しっかりボールが蹴ることができるようになってきたら、どこをねらうかを意識させます。

　守る側に立つ位置を意図的に指示しておきます。写真のような状態で、「自分ならどこをねらうか」を全員に考えさせます。

　それぞれ考えを伝え合いながら、空いている場所があることに気が付かせます。

　時間に限りがあるので焦りがちになりますが、「どこが空いているか」を意識させます。

「どう守るかな？」

　守りに関しては、こうしなければいけないということはありません。グループのメンバーが違うので、それぞれの工夫を認めながら取り組ませましょう。

　基本的な"横並び方式"や、真ん中を縦の関係にする"ひし形方式"など、いろいろ試しながら、自分たちにとって守りやすいものを考えさせましょう。

125

コーンボール

20 min /45min

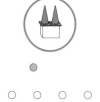

『コーンボール』は、コーンにボールを当てて得点とするゴール型ゲームです。ゴール型の入門編の教材として取り組みます。

ボールを持ったまま移動はせず、パスをつないで、シュートの打ちやすい場所にボールを運びます。今回は、ポートボール台の上に、コーンを置きましたが、ゴールゾーンの中にカラーコーンを3つ置いて、それをゴールにしても良いでしょう。

また、1チーム4人で行います（攻撃が4人、守備は1人or2人ずつ）。最初は、守備の人数は1人にして、できるだけ攻撃が有利になるようにして、「パスをつないでシュートを決める楽しさ」をたくさん味わえるようにします。守備側はボールを持っている人から直接ボールを奪うことはできません。

"守備の人数を増やすかどうか"や"ゴールゾーンに守備側が入っていいか、悪いか"については、ゲームを繰り返しながら、子どもたちの実態に応じて柔軟に変えていきます。

コートは、スタートラインは設定しますが、サイドラインとエンドラインは設定しません。点数を決める、もしくは、守備にボールを取られたら、スタートラインからやり直します。

対話でつなぐポイント

どうすれば点数が入るかな？

『コーンボール』は、ゴール型の入門期の教材です。常に「どうすれば点数が入るのか」を意識できるようにします。そのため、**攻撃有利でシュート場面が多く出る**ようなルールや場にします。また、守備と攻撃が入り乱れると、混乱してしまう子が出てくるので、ゴール型は**ハーフコートの一方通行攻守交代型**で単元を進めます（1回の攻撃は3〜5分程度）。

「ボールはどこに運ぶの?」

　まずはボールをゴールに近づけることを意識させましょう。ゴール型のゲームは、ボールを投げるのが得意な子にボールが集まりがちです。また、ボールを取られたくないので何となく後ろにボールを戻すこともあります。繰り返し、攻撃はやり直しができるので、安心して積極的にゴールに近づけることが意識できるように声をかけます。

「どこでパスをもらう?」

　攻撃は4人いるので、ボールを持っていない子のほうが多くなります。そこで、子どもたちに考えさせたいのが「パスをどこでもらったらいいのか?」です。1つは「守備のいないところ（パスを出す人と自分の間に守備がいないところ）」、もう1つは「シュートを打ちやすいところ（コーンの近くで守備がいない・守備とゴールをはさんだ反対側）」になります。これは、子どもたちにいきなり説明しても伝わりません。まずは、ゲームを何度か繰り返して、ゲームの中で「どこでもらえばいいのか」に困っている場面を探します。このような場面を見つけ、クラス全員を集め、一緒に考えます。同じような場面を経験していれば、この2つの確認は実感を伴った理解となります（なるべく子どもたちに説明をさせます）。

「もらえなかったら、
　　　　どうしたらいいかな?」

　「どこでパスをもらったらいいのか?」がわかってくると、ボールの近くに集まることは少なくなります。次に課題になるのが、パスをもらえなかったときに、その場にとどまってしまうことです。

　ボールの位置によって、「どこでもらうか?」は変わります。周りを見て、"動き直すこと"ができるように声をかけ続け、もらえなかった後の動きを意識させます。

けっとばし

20 min /45min

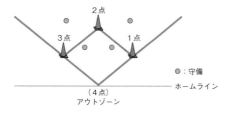

2点
3点　　　　　1点
●：守備
ホームライン
（4点）
アウトゾーン

　『けっとばし』は、ルールをシンプルにしたキックベースボールです。

　攻撃は、ボールを置いた状態で、おもいっきり蹴ります。野球のように置かれたコーンがベースの代わりです。1塁から順に回っていき、そのコーンの外側を通過すれば、得点が入り、1周すれば4点入ることになります。守備は、蹴られたボールを拾い、ホームラインまでなるべく早くボールを戻します。ホームラインにボールを持って戻ってくるか、ボール投げて守備の誰かがホームラインでボールを捕るか触れば守備成功で走塁を止めることができます。

　1チーム4人で行い、4人全員が攻撃したら攻守を交代します。

対話でつなぐポイント

ルールをシンプルにして、
ベースボール型の楽しさを全員で味わう

　ベースボール型の入門期の教材として扱います。ベースボール型は残塁や進塁などのルールが複雑になりがちです。ここでは、ルールをシンプルして、**おもいっきりボールを蹴り、おもいっきり走って得点を取る楽しさ**を味わいます。守備もボールを戻す場所を1か所にすることで、どこでアウトにすればいいのかがわからないという混乱がないようにします。

「おもいっきり蹴るポイントを 思い出してね!」

まずは、ボールをしっかり、おもいっきり蹴ることが大切です。「たまごわりサッカー」での学習を思い出させましょう。

助走はやや斜めから（蹴る足と反対側）入るほうが蹴りやすいと言われています。また、軸足はボールの横に置いて蹴ると力が伝わりやすくなります。

仲間のボールの蹴り方に注目させ、アドバイスをしたり、参考にしたりできるように声をかけます。

「行けるところまで行ってみよう!」

『けっとばし』では、ボールがホームラインに戻るまで、得点のチャンスがあります。なので、蹴ったらおもいっきり走って1点でも多く取れるように声をかけます。逆に1点でも取れたら、チームにしっかりと貢献していることを伝えます。

「早いのは、 走る？ 投げる？」

守備に関しては、ゲームを繰り返す中で、「より早くホームラインにボールを戻すにはどうすればいいのか」を子どもたちが考え始めます。それぞれの場面によって違いがあるので、常に"持って走ること"と"投げて戻すこと"のどちらが早いのかを考えられるように声をかけます。

ハンドテニス

20
min
/45min

『ハンドテニス』は、カラーコーンとバーで作ったネットを挟んで攻防を楽しむネット型の入門編の教材です。攻守が一体になっています。

ワンバウンドのボールを山なりに打つところから始めます。自陣でワンバウンドしたボールを相手のコートに打ち返します。打ち返せなかったり、コートの外に打ち返してしまったりした場合に相手に得点が入ります。

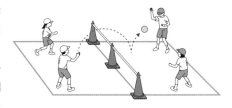

ボールはできるだけ柔らかくて弾むバレーボールぐらいの大きさのものがよいでしょう。打ち返すときには、両手でも片手でもよいこととします。また、手はグーでもパーでもどちらでも構いません。（最初はグーでも、だんだんとパーの子が増えます。）「ハンドテニス」を行う前に、ワンバウンドで何回ラリーが続くのかのゲームを行い、ボールの扱いに慣れておくと、ネット型の戦術的な学習を進めやすくなります。

4人1チームで行い、ダブルスの試合（交互に打つルールにする方が全員にボールに触れる機会を保証できます）を2回行い、その合計得点で勝敗を決めます。**"かけっこ入れ替え戦"の**
ルールを汎用して、対戦相手を変えながら繰り返しゲームを進めていきます。

対話でつなぐポイント

打つとき、 受けるとき、 何を意識するか

『ハンドテニスは』は、攻守が一体となっています。ボールを打つときにどこに打てば得点が入る可能性が高いのか、ボールを受けるときどのように構えていればいいのかを常に考え、準備をする必要があります。それを意識させることがネット型の戦術的な学習になります。

「上手に打つコツは?」

　ボールをうまく打ち返すには、大きく2つのポイントがあります。まず、1つは打つ瞬間に手に力を入れることです。手のひらをパーにして両手を使うと安定して打ち返すことができます。そして、しっかりとボールを見て打ち返すことで、打ち損じが少なくなり、相手コートに打ち返すことができます。

「どこが空いてる?」

　得点を取るには、相手が打ち返しづらいところに打つようにすることが大切になります。何度かゲームに取り組むと、子どもたちは意図的に空いているところに打とうとするので、それを全体で確認します。そして、空いているところがどこかを見つけられるように常に声をかけます。

　手前か奥か、右か左かを意図的にねらえるようになるとよいでしょう。

「守るときに
　　　意識するのは?」

　まずは、どこにボールがきても反応できるように、膝を少し曲げて前後左右に動ける準備をします。これは、ゲームをしながら、その姿勢で構えている子を紹介します。また、あまりネットに近いと今度は打ちづらくなるので、やや後方に位置取りをするとよいことにも気づかせましょう。

ディスクゲーム・ディスクパス

20 min /45min

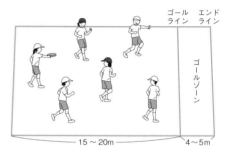

ゴール　エンド
ライン　ライン

ゴールゾーン

15〜20m　　　4〜5m

『ディスクゲーム』は、ゴール型ゲームです。ゴールゾーンの中で、ディスクをキャッチすることで得点になります。

1チーム4人or8人で行います（ゲーム自体は攻撃が4人、守備は1人or2人ずつ）。「コーンボール」と同様にハーフコートの一方通行攻守交代制でゲームを進めていきます。1回の攻撃は3分〜5分程度で行います。リーグ戦を行えば盛り上がりますし、1チームが4人であれば、入れ替え戦にしてもよいでしょう。

ゲームではディスクを持ったまま移動はせず、パスをつないで、ゴールゾーンに運びます。ゴールゾーンには攻撃側は何人入ってもよいこととします。守備側はゴールゾーンには入ってはいけません。また、持っているディスクを直接奪うことはできません。また、攻撃に触れるぐらい近づいて守ることのないように1m程度離れます。

ゴールゾーンでキャッチして得点をする、守備にディスクを取られる、サイドラインやエンドラインからディスクが外に出るときには、スタートラインからやり直します。

対話でつなぐポイント

ゴールに向かうパスを受ける前の動き

「ディスク」は滞空時間が長く、直接パスをもらうだけでなく、空間へパスを出し走りこんでキャッチすることが可能です。なので、チームとしてゴールゾーンに向かうことを共通理解し、**ディスクを持っている味方に対して、どのように動くのか**がポイントになります。

基本をしっかり 『ディスクパス』！

『ディスクゲーム』の前に、ディスクを投げる・捕ることに慣れておきましょう。投げるときには、投げたい方向に指をしっかり向けましょう。また捕るときには、両手で上下を挟むようにすると落としづらくなります。まずは、向かい合って、何回連続でパスが成功するかに挑戦してみましょう。

2つの声かけポイント

「ゴールに向かって、 ディスクよりも前!」

「コーンボール」よりも、コートが広くなり、よりゴールに向かう意識が必要になります。また、パスを出したことに満足して、次の動きが遅くなりやすいので、常にディスクよりも前、少しでもゴールゾーンに近づくように声をかけます。

「ゴールゾーンの中でもらうよ!」

ゴールゾーンに向かっても、ゴールゾーンの中でパスをキャッチしなくては得点にはなりません。

パスを受ける側は、ゴールゾーンの中でしっかりキャッチできるように、パスの受けやすい場所を見つけて動きます。

アタックゲーム

20 min /45min

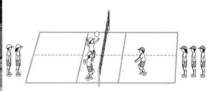

『アタックゲーム』は、**アタックを打つことの楽しさ**にフォーカスを当てたネット型のゲームです。

ネット型、特にバレーボールに似た運動教材の楽しさの捉え方は授業者によって様々です。ラリーがつながることがネット型の楽しさという考えもありますが、私は自分の打ったボールが得点に繋がることが楽しいのではないかと考えています。

チームの連携プレイの前に、アタックに特化した対戦型のゲームで夢中になりながら技能を保証し、その上で連携プレイに発展させます。夢中になりながらも個人の技能を保証していくのです。

4人1チームで行います。手で投げ上げられたボールをアタックして、守備側のコートに打ちこむか、守備がボールをキャッチできず落とした場合に得点が入ります。守備は1人、順番に交代していきます。アタックされたボールを落とさないようにキャッチします。時間で交代して、得点を多く入れた方の勝ちとします。安全のためにネットタッチした場合は得点にはなりません。

バドミントンコートが2面あれば、4試合同時に行うことができます。

対話でつなぐポイント

しっかり打つ！ しっかり上げる！

『アタックゲーム』は、アタックに特化したゲームなので、"**ボールを打つこと**"と"**打ちやすいボールを投げ上げること**"が大切になります。ネットの高さは1番背の低い子でも打ちこめる高さに設定しましょう。

ここで、全員が自信をもってアタックすることができるようになれば、ラリーのあるネット型のバレー（キャッチアタックバレー）の学習に全員が前向きに取り組むことができます。

「ボールを見る!」

しっかり打つには、ボールから目を離さないようにしましょう。上にあるボールを打つので、しっかり距離感をつかむためにも、最後までボールを見続けましょう。余裕があれば、打つ前に相手のコートを見るように声をかけます。

「ていねいに! 打ちやすい高さ!」

打つ側の技能も大切ですが、それを発揮するためには、投げ上げるトスも重要です。

両手で下から上に丁寧に投げ上げます。高さは助走してくることも考えると、2〜3mぐらいの高さ（バスケットゴールぐらい）がよいでしょう。

「準備が 大切!」

守備については、キャッチする瞬間よりも打たれる前に準備をすることを大切にさせます。

自分の順番がきたときに、**膝を曲げて姿勢を低くして構え**たり、**手を広げてキャッチしやすいように構え**たりしている子を見つけて、積極的に声をかけ、紹介するようにしましょう。

かっとばしベースボール

20 min
/45min

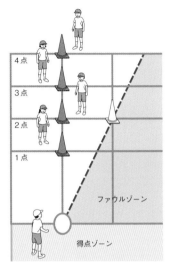

4点

3点

2点

1点

ファウルゾーン

得点ゾーン

『かっとばしベースボール』は、ボールを**おもいっきり打つ楽しさ**と**自分のバッティングで得点を取る楽しさ**を味わう高学年向けのベースボール型ゲームです。

1チーム5〜6人程度で行います。ティーの上にボールを置き、おもいっきりバットでボールを打ちます。Aパターンは、ボールを打ったらボールが得点ゾーンに返球されるよりも早くコーンを回って戻ってくれば得点が入ります、何点を狙うかは、打った距離や守備の動きをみて判断します。仲間が教えてあげてもいいでしょう。

あまりルールを複雑にしすぎずに、全員が夢中になって取り組めるようにしましょう。

対話でつなぐポイント

おもいっきり"かっとばす""動きを見て走る"

まずはボールをよく見て、おもいっきり"かっとばせる"ようにチームで教え合うようにしましょう。1人で最大で取れる得点には限りがあります。また、ボールよりも先に得点ゾーンに戻ってくるためにはチームメイトの声かけが重要になります。

「チームみんなで気持ちよくかっとばそう!」

打つ瞬間だけで頑張っても、なかなか気持ちよくかっとばすことができません。打ちやすい高さにティーを調整することも大切です。

また、チームの中で思うように打てていない子にアドバイスするのもよいでしょう!チームの誰もが得点することができれば、ぐっと勝利に近づきます。チームワークも大切です。

「何点狙えるかな?」

遠くのコーンを回れば得点は多く取れますが、その分にボールが先に返球される可能性が高くなります。

けます。

高得点をねらうのか、確実に点数をかせぐのかは、個人ではなくチームとして大切なことです。ボールや守備の動きを見ながら、チームメイトが声をかけあうようになるとゲームがさらに盛り上がります。

「守備は相手に合わせてごらん!」

打つ相手によって守備位置を柔軟に変更することも有効です。守る側は1点でも失点を防ぎたいものです。打つ前から、攻防は始まっています。

「体育授業での約束事・ルールづくりは?」

　1年間の体育授業をはじめるときに、子どもたちには3つのことを話します。

①どんなことにも最後まで頑張ってみよう!②友だちを大切にしよう!③話をよーく聞こう!

①子どもたちの中には、運動が得意な子もいれば、苦手意識をもっている子もいます。まずは、自分の出せる力を最後まで出していくことが何よりも大切だということを伝えます。

②体育の学習は一人ではできません。友だちと一緒に学ぶことで自分の世界が広がります。時には勝ち負けをめぐってケンカになることもあるかもしれません。けれども、一緒に学ぶ大切な存在です。応援したり、応援されたり、教えてあげたり、教えてもらったり。どんな時でも、友だちを大切にする気持ちをもって学習することを伝えます。

③友だちの声や教師の声をしっかり聞くことを大切にしてほしいと伝えます。友だちや教師は、いつも"あなた"のことを想って言葉をかけます。まずは、その言葉を受け止め、そして、考えながら学習することで、どんどん体育の授業が楽しくなるからです。

　…とはいえ、言葉で説明するだけでは、伝わりません。この3つのことを教師自身が誰よりも意識して日々の授業に臨みます。子どもたちの具体的な姿を授業の中で見つけ、価値づけていくことで、少しずつ少しずつ約束事やルールが子どもたちに染み込んでいくのです。

「授業のはじめと授業の終わりは?」

　私は体育授業を通して、体の基礎感覚を高め、「動ける体」づくりを目指し、体を動かす楽しさを実感してほしいと考えています。

　そのためには、子どもたちに経験値を高めさせることが大切になります。年間の限られた授業時数の中で、体の基礎感覚を耕し、高めるために時間を有効に使うことを意識しています。

　まず「授業のはじめ」は、"準備体操"ではなく、基礎感覚を耕すような運動をします。(水泳学習では準備体操をします)比較的負荷の軽い、子どもたちの慣れている運動から入るようにしています。跳び箱運動を扱うときには"馬とび"、鉄棒運動を扱うときには"前回りおり"、マット運動を扱うときには"かべ逆立ち"など、既習の運動からテンポよく始めることを意識しています。慣れている運動を短時間でも継続的に取り組むことで、その基礎感覚が着実に高まっていくのです。また、慣れている運動であれば、ケガのリスクも低く、どの子にとっても抵抗なく取り組むことができます。あくまでも、**大切なのは形式的な"準備体操"ではなく、体と心の"準備運動、ウォーミングアップ"**です。

　「授業の終わり」は、毎回まとめや総括をしません。基本的には、多くの時間を運動学習にあて、最後の振り返りは『体育ノート』に記録します。もちろん、子どもたちの必要感に応じて、意見を交換したり、友だち同士で対話したりすることを大切にしています。これも**形式的な"振り返り"ではなく、子どもたちの自然な"かかわり"**が大切だと考えるからです。

「子どもたちの並び方・集合のさせ方は？」

右の図のように、身長順の4人1班で班編制をし、この隊形で並びます。横に広く、縦に狭いほうが、子どもたちは身長に関係なく話が聞きやすくなります。

ちなみに班は1年間固定です。メリットは体格が似ている同士なので、鉄棒や馬とびの高さを班の中で変えなくてよいことです。また、お互いにお手伝いが可能であることもメリットの1つです。人間関係が固定化するのではという心配もあるかと思いますが、お手本や個々の伸びを確かめる場合は全体で共有するので大きな問題はありません。

授業中に集合させる時には、近づきすぎて**危険がないようにする**以外は子どもたちに任せています。"自分が見やすい場所"を自分で探すように促します。

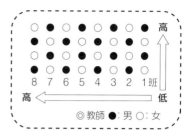

ただし、屋外で集合させるときには、**太陽の方向を教師が気にする**ようにしています。

「教師の授業中の持ち物は？」

「天野式リズム太鼓」

運動にはリズムがあるので、リズム打ちをすることで動きのイメージをもちやすくなります。また、リズムを打ちながら声をかけることができます。また、笛のような強制的なイメージが生まれません。

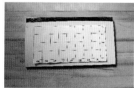

「記録ノート」

名簿を貼った少し小さめのノートを準備します。運動の回数や記録はもちろん、取り組み方についても記録します。子どもたちの伸びを数値としても、具体的な姿としても残しておきます。

「ストップウォッチ」

短距離走やリレーの記録、ゲーム時間の確認、一定時間に何回できるかに挑戦させるとき、活動の時間の目安を計るときなど、多くの場面で使います。ポケットにいつも入れておきたい持ち物です。

「授業の進め方は?」

　私は、いろいろな体育の授業の進め方を試して、今は基本的に【1時間2教材】の組み合わせ単元で授業を進めています。本書で紹介している運動教材の多くが20分と設定してあるのは、1時間で2教材（時には3教材）を扱うからです。

1週間	2週間	3週間	4週間

45分×6回（A教材）	45分×5回（B教材）

20分×12回（A教材）

C教材	20分×10回（B教材）	D教材

　このように時間と期間で比べてみます。45分同じ教材を扱うことで、1回の授業でたっぷりと取り組めます。しかし、子どもたちの集中力を考えると心配な領域もあります。特に器械運動に苦手意識をもっている子どもにとって45分は長く感じ、学習効果も低くなりがちです。また、期間も2週間程度になり、技能の定着にも不安が残ります（技能の定着には教材に触れる頻度が大切だと考えているからです）。

　1つの教材を約20分で扱うことで、短時間で集中して取り組むことができます。子どもの気持ちとしても、2つのうち1つは好きな運動領域であれば、集中して頑張りやすくなります。また、期間も長いので技能が定着しやすく、体育の授業以外でもその運動に触れる機会を子どもたち自身がつくりやすくなります。

　もちろん、2教材分の教材研究が大変なようにも思えますが、長い目で見れば変わりありません。また、1時間で2教材扱うことで学習を焦点化した手軽で簡単な運動教材を考え（本書で紹介してある運動教材は手軽で簡単です）、マネジメント（子どもの動かし方、指示の出し方など）を工夫するようになります。ただし、単元の1回目は準備や説明に時間がかかる場合があるので、上の図のように始まりをずらして、運動学習時間を確保します。

　さらに、短い時間で単元が終えられるので、単元が大きくなりすぎず、1年間でさまざまな運動領域をバランスよく扱うことにつながります。

　※準備に時間がかかるハードル走や着替えが必要な水泳は45分間で授業を進めています。またボール運動の単元の最後やシンクロパフォーマンスの発表会なども45分で進める場合があります。

「授業中の教師の役割は?」

　授業中の教師の役割は本当にたくさんありますが、私は、「見ること」と「かかわること」を意識しています。当たり前のように思えるかもしれませんが、この基本が大切です。

　「見ること」は大きく分けると、①クラス全体の活動を見守り、安全で効果的に学習しているかを見ること②個人やグループを見て、問題がないか、どこで悩んでいるのかなどを見抜くことの2つを大切にしています。

　「かかわること」は、「見ること」とセットです。見たことを肯定的に捉えて**笑顔**で声をかけます。さまざまな考えがあると思いますが、授業中の教師は"おしゃべり"がいいと私は思っています。声をかけてもらった子どもたちは、それだけでやる気が出ます。危険なことがあるときには注意することも必要です。しかし、「かかわること」の基本は子どもたちの"いいとこ見つけ"です。肯定的な声かけが、肯定的な授業の雰囲気をつくります。

　もちろん、声のかかわりだけでなく、運動の補助も大切にしています。補助の方法は、本書にも掲載してあるので参考してください。

「どんな声をかければいいの?」

　最初は「いいね!」「ナイス!」「イイ感じ!」と笑顔で声をかけることからスタートします。私も初任の頃はそうでした。慣れてきたら、「周りを見たのが、いいね!」「今のアドバイス、ナイス!」「膝が伸びていて、イイ感じ!」と少しずつ具体的な言葉をプラスします。もちろん、子どもたちの活動を励ます「がんばれ!」「いけっ!」「できるよ!」という言葉も大切です。

　また、ほめるだけではなく、**意識してほしいポイントを意図的に言葉にして伝え**ます。これは、言われた本人はもちろん、その声を聞いた周りの子どもたちにとっても有効です。

　悩んでいる子や伸び悩んでいる子に対して技能的なアドバイスを的確にすることも大切です。しかし、「どこが難しい?」と尋ねたり、「誰かアドバイスしてくれる子はいない?」「あの子の動きを見てごらん」と**子ども同士をつないだりすること**も大切な声かけの1つです。

「思考場面の作り方は?」

　思考場面は、学習を進める上で非常に重要なのですが、なかなか難しいものです。しかし、この思考場面があるか、ないかで子どもたちの伸びは変わってきます。

　まずは、その日に運動のポイントとしたいものを焦点化することが大切です。本書で紹介している教材のほとんどが20分程度で取り組むものです。ですので、**1回の授業につき、運動のポイントは、1つだけに絞る**ほうがいいと思います。その意識させたいポイントが起きないか、子どもたちをよく見ます。その場面が出てきたら、全体を集めて、みんなの前でやってもらいます。そして、「こういう場面では、どうしたらいいかな?」と尋ねます。子どもたちは既習の事項や経験をもとにアイデアを出します。子どもたちの言葉を大切して、子どもたちが考えた運動のポイントとして確認をし、また学習を再開します。

　しかし、的確な運動の場面を選べないときもあるかもしれません。そんなときは、子どもたちを頼ります。

　基本的には学習する教材が共通なので、子どもたちに「同じグループでオススメさんを決めておいてね!」と声をかけておきます。そうすることで、他の友だちの動きを意識的に見るようになります。そして、選ぶときに

は、理由を言えても、何となくの直感でもいいことにしています。(子どもたちはちゃんと選びます。)そして、オススメさんの運動をみんなで見ます。そして、「どうして、オススメさんなのか考えてみよう!」と他のグループの子どもたちに投げかけます。ここでも、子どもたちの言葉を大切にしながら、子どもたちが考えた運動のポイントとして確認しをし、また学習を再開します。

　子どもたちは目の前での動きに対して、考えをもっています。それを引き出し、子どもたち自身がポイントを発見できるように場面をつくります。

　ただし、毎時間この場面を作る必要はありません。1時間の中でポイントを発見し、それを習得するというのは現実的ではありません。ポイントとなる**知識**を獲得し、安定して**技能**を発揮するまでに、時間的な余裕を教師自身がもつことが大切です。間違っても単元計画に子どもたちを合わせることがないように。

「掲示物や学習プリントは必要なのか？」

掲示物や学習プリントの有無は、私はどちらでもいいと思います。これは教師の自由です。

ちなみに私は、掲示物は基本的に作りません。また、学習プリントも毎時間使うようなプリントは作りません。陸上運動や短なわとびなど、継続し記録を残しておきたい教材の時にはプリントを作って、子どもたちが記録を残しやすいようにしています。

授業の時には他の教科と同じようにノートを使います。右の図のように使うように指導しています。

1回の授業で半ページ（真ん中に線を引く）。

日付、授業の回数、内容、考えたことなどを記録させます。これは、低学年から高学年まで書き方は一緒です。もちろん、高学年になれば、自分で見やすいように工夫する子どももいます。プリントがあるときには、書いているほうと反対側から貼っていきます。

10月8日（月）□回目 ①リレー（1回目） ②空中逆上がり（3回目） ＜考えたこと＞
10月10日（水）△回目 ①リレー（2回目） ②空中逆上がり（4回目） ＜考えたこと＞

ノートにすることで自分の伸びを継続的に捉えることができます。そして、ノートはなくしてしまうことがほとんどありません。また、毎回同じノートに同じ方法で記録していく方が、子どもたちは混乱がなく、体育授業の**学習の一つとして**習慣化することができます。

もちろん、ワークシートを作ったり、掲示物を作ったりしてもいいと思います。しかし、あまりに負担になりすぎないようにしながら、目の前の子どもたちにとって有効な手段を考えていくことが大切だと考えます。

「学習規律はどうするべき?」

　そもそも、体育授業のもつイメージとして「**整列・集団行動・規律・生徒指導**」など真面目で緊張感のある厳しい学習規律を連想する方も多いのではないでしょうか。もちろん、体育授業は身体活動を伴いますし、ケガや事故のリスクなどがある領域もあるのでルールを守って学習させることは大切です。しかし、いつでもこれらを全面に押し出して厳しくしすぎる必要はないと考えています。

　自分がケガをしたり、相手にケガをさせたりしてしまうようなことに対しては厳しく指導します。これは、体育授業の1番最初に子どもたちと約束をします。

　それ以外のことについては目的を伝えることが大切です。例えば、授業中に話を聞くときの集合の仕方。この場合は整列の必要はありませんし、教師の視野の中に入って、話が理解できればいいとしています。また、友だちの運動の観察の仕方。これも近づきすぎて運動をしている子の邪魔にならないこと、他の友だちの邪魔にならないことを守っていなければ、立ってみてもいいこととしています。

　大切なのは学習規律を厳しくするのではなく、どんな目的や意味があるのかを伝えて、考えて行動できるようになることなのです。

「毎時間のめあて、まとめや振り返りは必要?」

　毎時間、めあてを設定して掲示したり、書いたりする必要はないと考えます。また、全体でのまとめや振り返りを毎時間しなければいけないとも考えていません。

　子どもたちが学習に取り組む中で、その日に意識することをしぼり、共有する場面はあると思います。また、めあては毎時間どんどん変化していくものではありません。ポイントがわかっても、実際に体を動かせるようになるにはタイムラグがあります。何回か同じポイントを意識する授業の方が子どもの実態に合っているので、毎時間めあてを全体で確認する必要はないでしょう。

　また、まとめや振り返りも同様に、全体で1つのまとめになることは、あまりありません。もちろん、発見したポイントを共通理解することはあります。大切なのは個人内でその日の授業を振り返り、記録しておくことです。少しでもいいのでノート記述の時間をとって、自分の学習を振り返る時間を確保することは大切にしたいです。

「技能差が気になるけれど、どうすればいい?」

身体活動がメインになるので、技能の差が目に見えるのは確かです。

その上で、いくつかのことを意識しながら学習を進めましょう。

①絶対に能力別、習熟度別に分けて授業をしない!

個に応じた多様な学習を積極的に行うことを大切にすることを目指すからと言って、子どもたちに自分に合ったものを選択させた場合どうなるでしょう。得意な子は得意な子同士で少し難しい内容に取り組み、苦手な子は苦手な子同士で基本的な内容を繰り返すだけになってしまいかねません。例えば、水泳の授業の場合。学校以外で水泳を習っている得意な子は何mも泳ぎ、苦手な子は基本的な水慣れを進めるということが考えられます。苦手な子同士が集まっているので教え合いも上手くいかず、技能差は広がるばかりです。他の領域でも同様のことが言えます。「自分のめあて」に向かって学習すると聞こえはいいのですが、結果的に技能差を助長することになる危険があります。

②共通課題で学習を進める!

そこで、取り組む内容は基本的に共通にします。どのような教材を選択するかは子どもたちの実態に応じて決めなければいけませんが、まずは「お手伝いがあればできる」を目指します。特に器械運動領域は、この視点が大切です。「足を押さえてもらえれば、逆立ちができる」「回転の勢いをつけてもらえれば、かかえ込み回りができる」「高さを低くしてもらえれば、馬とびができる」など、お手伝いで取り組むことを前提に、共通課題で進めます。共通の課題なので、ペアやグループでのアドバイスや励まし合いが生まれやすく、知識や技能が着実に向上していきます。（P〇参照）

③できる子は、できるようにさせられる子!

このように進めると、得意な子のモチベーションをいかに維持させるかも大切になってきます。そこで「できる子は、できるようにさせられる子」という価値を大切にします。できた子をミニ先生に任命して、困っている友だちを率先して助けてほしいと声をかけます。困っていた子が、「できない→できた」に変わると「〇〇さんのお手伝いやアドバイスのおかげでできるようになった!」ということが起き、得意な子のモチベーションにつながります。もちろん、同じ教材でも、細かなところを意識させたり、回数や時間を伸ばしたりして、自分の力を高めることも大切にしていきます。

※高学年になってからの技能差を埋めるのは大変なことは確かです。低学年の授業を大切するのはもちろん、高学年であっても、動きづくり・感覚づくりに取り組みましょう。

「おすすめの教具は？」

1年生から6年生まで使えるものを紹介します。

マルチミニマット（エバーニュー）

小マットと呼んで使っているマルチミニマットです。サイズは、幅60cm×長さ120cm×厚さ5cmです。重さは5kgほどです。

この大きさなので1年生でも簡単に運ぶことができ、時間がかかりやすい準備や片付けをスムーズに行うことができます。

1枚で使うことはもちろんですが、並べてロングマットのように使ったり、重ねて跳び箱のように使ったりすることができます。5枚ほど重ねると、跳び箱の1段目と同じぐらいの高さになります。

しっかりすべり止めも付いているのでズレにくく安全に使うことができます。

スマイルボール（ミカサ）

1年生が初めてキャッチボールをするときも、6年生がネット型のバレーボールの教材に取り組むときも、このボールを使います。

表面がやわらかく痛くありません。また、適度な重さと弾み具合で、非常に投げやすく、打ちやすく、蹴りやすく、捕りやすいのが特徴です。本書で紹介しているボールの運動の実践でも、全てこのシリーズのボールを使用しています。

使うボールが変わるとそれに慣れるまでの時間が必要になります。しかし、使い慣れたボールを使うことで、学習したい内容にスムーズに入ることができます。

ただし、空気圧には注意しましょう。空気を入れすぎると、スマイルボールのよさが減ってしまいます。

クリアートビナワジュニア（アシックス）

短なわとびの学習で使うとびなわです。

さまざまな種類のとびなわがありますが、クセのつきにくく、適度な伸びがあるのが特徴です。また、グリップもしっかりしていて低学年でも握りやすい構造になっています。

また、使う際の長さも大切です。最初は、なわの真ん中を足で踏みグリップが胸からみぞおちの高さぐらいの長さが適当です。慣れてきたら、短くしてみるのもいいでしょう。

ただし、長さを調整するときに、グリップの中でなわを結んだり、なわを折り返して収納したりするのはやめましょう。グリップの中でなわが回転しなくなり、長くとび続けることができなくなります。

長なわ

本書で紹介している実践の長なわの入門期から、ダブルダッチまで全てこのなわを使います。

太さが直径1cm程度、長さは約3.5mです。材質は綿混紡で、ある程度重さがある方が扱いやすいでしょう。また、なわの端をビニールテープで巻き、結んでおくことでほつれにくくなり、持ちやすくなります。

このなわの長さであれば、1年生でも回すことが可能ですし、ダブルダッチに取り組んだ際にも片手で回すことができます。ボールと同じように、使い慣れたものを使うことで、学習したい内容にスムーズに入ることができます。

学校にある程度の本数があると授業がしやすくなります。理想としては、4人に1本（ダブルダッチの場合は4人に2本）あると効率よく授業を進めることができます。

おわりに

　有難いことに、小学校の教師として幸せな毎日を過ごすことができています。

　そんな毎日を振り返ってみると、その根幹には子どもたちとの対話、保護者の皆様との対話、周りの先輩の先生方との対話があることに気づきました。元々、人が好きで、人とコミュニケーションをとることが好きな私。これまでたくさんの失敗もしてきましたが、「対話でつなぐ」毎日に、生きていること、生かされていることの幸せを感じることができています。

『対話でつなぐ体育授業51』

　同じ丑年10月生まれのイチローさんにあやかった51の実践を具体的な声かけと子どもたちのありのままの姿で紡いでみました。（ちなみに私はサッカー少年でした）

　体育授業を充実させたいという想いはありながらも、体育は大変だというイメージがあったり、具体的にどうすればいいのかが想像できなかったりと日々の体育授業に悩まれている先生方の声をたくさん聴いてきました。

　現在、6年間の学習のつながりや運動領域の系統性を見通しやすい恵まれた環境にいます。毎年5～7クラスを担当するので体育授業をする機会が非常に多くあります。だからこそ、体育授業で困っている全国の先生方の応援ができたらという想いで本書を執筆させていただきました。

　体育を専門的に研究している先生が読まれたら、「こんなことでいいのか」「体育をわかっていない」とお叱りを受けるかもしれません。それについては、素直に受け止めたいと思います。

　けれども、手にとっていただき、「これでいいんだ」「これならできそうだな」「明日の体育で取り組んでみようかな」と感じていただけたなら、嬉しいです。

　本書が子どもたちも先生方も、いつもの体育授業が、ほんの少しでも好きになってもらえることをつながることを願っております。

　また、お読みいただき、わからないことや気になることがあれば、いつでもお答えしますので、お気軽にご連絡ください。皆様と私を「対話でつなぐ」きっかけになることもこっそり願っております。

　この本が完成するまでには、本当にたくさんの方の支えがありました。

　授業に登場する元気な子どもたち。

　その姿を収録することにご理解ご協力してくださった保護者の皆様や担任の先生方。

　まとめるにあたって相談に乗ってくださった同じ体育部の先輩の先生方や同僚。

　そして、授業を何度も何度も撮影し、太陽のような温かな優しさと海よりも広い心で最後まで私を支えてくださった東洋館出版社編集部の石川夏樹さん。

　心より感謝申し上げます。本当にありがとうございました。

さて、少しだけウラ話を。

　2018年6月26日。ある7人で本書に関する会議を1番最初にしました。翌月の2018年7月18日の会議では、早くて2019年6月、もしくは、2020年2月に本書を完成させて皆様に読んでもらえればという話になっていました。

　只今、2021年3月。

　予定通りには進まないのが人生なのだと痛感していますが、この時期になったことで、7年ぶりに担任した可愛い子どもたちにも、お手伝いをしてもらいました。感謝。

　桜の花咲く春。春風のように皆様の背中を優しく押す一冊になりますように。

2021年3月　**齋藤 直人**

著者紹介

齋藤 直人 （さいとう　なおと）

筑波大学附属小学校教諭。

1985年、山形県庄内町（旧余目町）生まれ。北海道教育大学釧路校卒（2008）。同年より千葉県市川市立行徳小学校、千葉県八千代市立勝田台小学校の教諭を経て、2014年より現職。

共著に『子どもたちがみるみる上達する水泳指導のコツと授業アイデア』（ナツメ社）、『小学校体育　写真でわかる運動と指導のポイント　マット』（大修館書店）、『1時間2教材扱う「組み合わせ単元」でつくる筑波の体育授業』『できる子が圧倒的に増える！お手伝い・補助で一緒に伸びる筑波の体育授業』（明治図書出版）他。

● Facebook：http://www.facebook.com/naoto.roze
● Twitter：@naoto_roze

対話でつなぐ体育授業51

2021（令和3）年3月18日　　初版第1刷発行
2022（令和4）年6月17日　　初版第2刷発行

著　者：齋藤直人
発行者：錦織圭之介
発行所：株式会社　東洋館出版社
　　　　〒113-0021　東京都文京区本駒込5丁目16番7号
　　　　営業部　電話03-3823-9206　FAX03-3823-9208
　　　　編集部　電話03-3823-9207　FAX03-3823-9209
　　　　振　替　00180-7-96823
　　　　URL　　https://www.toyokan.co.jp
装　丁：小口翔平＋須貝美咲（tobufune）
本文組版：株式会社明昌堂
印刷・製本：図書印刷株式会社

ISBN 978-4-491- 03981-7
Printed in Japan